쓰기로
마스터하는
중학서술형

쓰기로 마스터하는 중학서술형 3학년

지은이 NE능률 영어교육연구소
선임연구원 신유승
연구원 선정아 강동효 은다나
영문 교열 August Niederhaus Nathaniel Galletta
디자인 닷츠
내지 일러스트 박응식
맥편집 박진영
영업 한기영, 이경구, 박인규, 정철교, 김남준, 이우현
마케팅 박혜선, 남경진, 이지원, 김여진

+ 교재 네이밍에 도움을 주신 분
임동욱 님

PREFACE

서술형 문제 하나로 여러분의 내신 등급이 바뀝니다.

서술형은 문항 수는 적지만 배점이 높아 점수 등락에 큰 영향을 미치기 때문입니다. 시험 기간 동안 서술형을 준비해 보지만, 공부한 만큼 점수가 나오지 않습니다. 주로 문법에 대한 지식을 묻는 선택형과는 달리, 서술형은 문법에 대한 이해를 "쓰기로 표현"하는 언어 수행(performance) 능력을 평가하기 때문입니다.

〈쓰기로 마스터하는 중학서술형〉은 서술형에 완벽 대비하면서 영작의 기본기도 다질 수 있는 교재입니다.

〈쓰기로 마스터하는 중학서술형〉은 여러분이 어떻게 하면 효율적으로 서술형에 대비하고 나아가 영작의 기본기를 다질 수 있을지 고심하고 연구한 결과물입니다. 심혈을 기울여 만든 저희 교재의 특장점은 다음과 같습니다.

첫째, 서술형으로 주로 출제되는 문법 항목을 선별하여 목차를 구성하였습니다.

내신 준비에 용이하도록 중학 교과서 문법과 연계하되 불필요한 내용은 과감히 없애고, 서술형으로 주로 출제되는 내용을 선별하였습니다. 또한 영작에 도움이 되는 '문장의 구조' 및 문장의 중심이 되는 '동사'를 강조하여 목차를 구성하였습니다.

둘째, 전국 내신 서술형 기출문제를 철저히 분석하여 단계별·유형별로 제시하였습니다.

표준 서술형 유형이라고 할 수 있는 '단어 배열하기, 빈칸 채우기, 문장 완성하기, 틀린 부분 고쳐쓰기'를 단계별로 제시하여 문장의 구조를 파악하고 문장 단위의 쓰기 연습을 충분히 하도록 하였습니다. 또한 문법 항목 별로 최다 빈출 서술형 유형을 도출하여 유형별 문제 풀이 과정 및 팁을 제시하였습니다. 이를 통해 다양한 서술형 유형을 익히고, 인칭이나 시제 등의 단순한 실수로 감점 받는 일이 없도록 훈련할 수 있습니다.

셋째, 실전에 대비할 수 있도록 하였습니다.

각 챕터마다 실제 시험 형식의 기출 응용문제를 제공하였으며, 서너 개의 챕터마다 중간·기말고사와 같은 형태의 누적 시험을 제공하여 내신 대비용 모의고사로 활용할 수 있도록 하였습니다.

〈쓰기로 마스터하는 중학서술형〉으로 차근차근 공부하다 보면 내신 만점과 영작 실력 향상뿐만 아니라, 영어에 흥미도 느끼게 될 거라 자신합니다. 포기하지 말고 끝까지 공부하셔서 세 마리 토끼를 모두 잡으시기 바랍니다.

STRUCTURE & FEATURES

문법 설명

군더더기 없이 쓰기와 서술형 대비에 꼭 필요한 핵심 문법 설명만을 담았습니다.

문장으로 CHECK UP

표준 서술형 유형인 '단어 배열하기, 빈칸 채우기, 문장 완성하기, 틀린 부분 고쳐쓰기'로 문장 쓰기 연습을 충분히 할 수 있습니다.

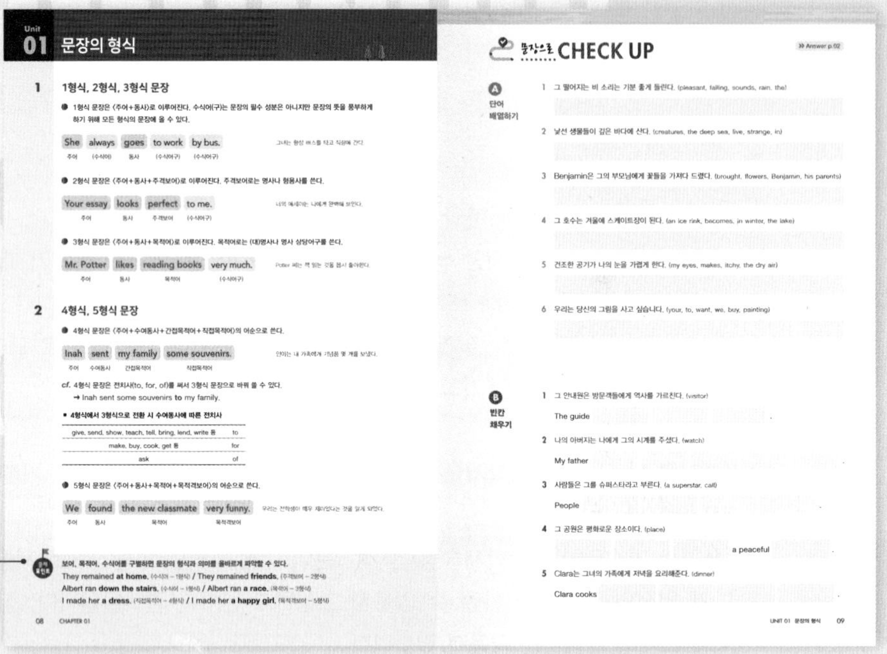
Unit 01 문장의 형식

1 1형식, 2형식, 3형식 문장

● 1형식 문장은 (주어+동사)로 이루어진다. 수식어(구)는 문장의 필수 성분은 아니지만 문장의 뜻을 풍부하게 하기 위해 모든 형식의 문장에 올 수 있다.

She always goes to work by bus.

● 2형식 문장은 (주어+동사+주격보어)로 이루어진다. 주격보어로는 명사나 형용사를 쓴다.

Your essay looks perfect to me.

● 3형식 문장은 (주어+동사+목적어)로 이루어진다.

Mr. Potter likes reading books very much.

2 4형식, 5형식 문장

● 4형식 문장은 (주어+수여동사+간접목적어+직접목적어)의 어순으로 쓴다.

Inah sent my family some souvenirs.

cf. 4형식 문장은 전치사(to, for, of)를 써서 3형식 문장으로 바꿔 쓸 수 있다.

→ Inah sent some souvenirs to my family.

● 5형식 문장은 (주어+동사+목적어+목적격보어)의 어순으로 쓴다.

We found the new classmate very funny.

문장으로 CHECK UP

A 단어 배열하기

B 빈칸 채우기

출제포인트 / 오답노트

문법 항목별 출제 포인트 및 학생들이 흔히 실수하는 오답을 정리한 코너를 통해 효율적으로 서술형에 대비할 수 있습니다.

서술형으로 STEP UP

문법 항목별로 자주 출제되는 문제 유형의 풀이 과정 및 팁을 제시하여 다양한 서술형 유형에 익숙해지고 문제 해결 능력도 키울 수 있습니다.

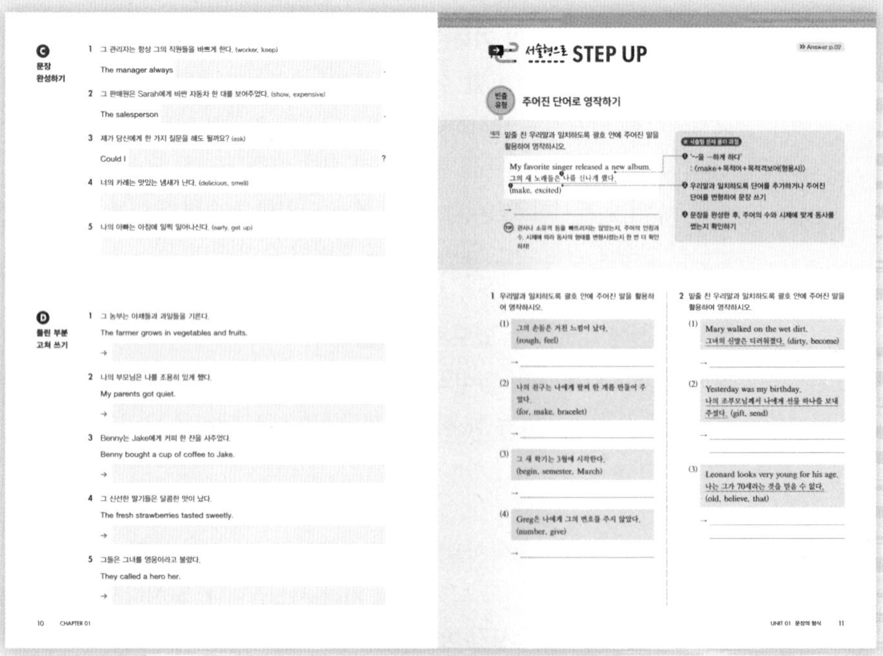
C 문장 완성하기

D 틀린 부분 고쳐 쓰기

서술형으로 STEP UP

주어진 단어로 영작하기

기출문제로 WRAP UP

전국 내신 기출문제를 철저히 분석하고 적용한
양질의 문제로 서술형에 완벽 대비할 수
있습니다.

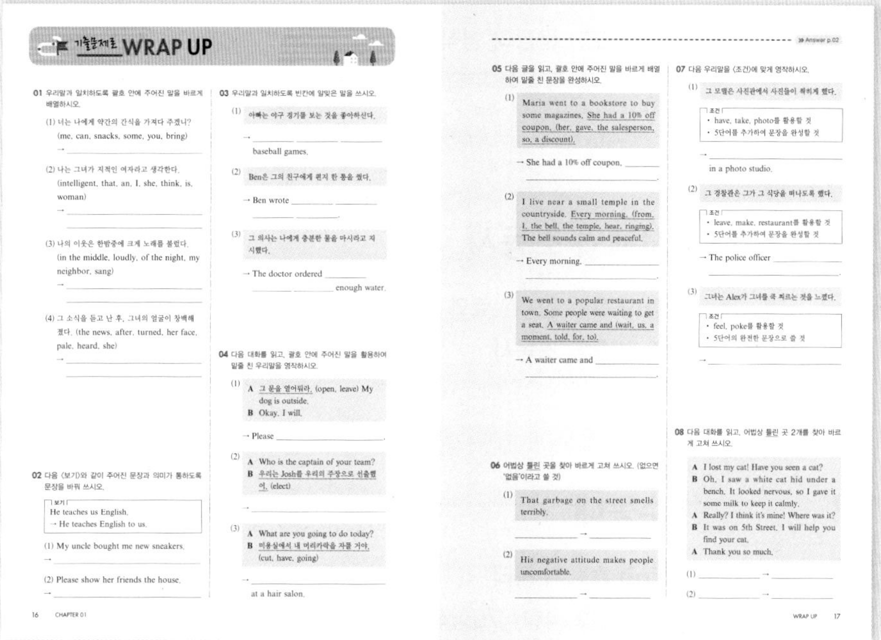

누적시험으로 LEVEL UP

2~3개월 동안 학습한 내용을 다루는 실제 내신 시험처럼
2~4개의 유닛을 묶어 문제를 출제한 누적시험으로
실전 감각을 기를 수 있습니다.

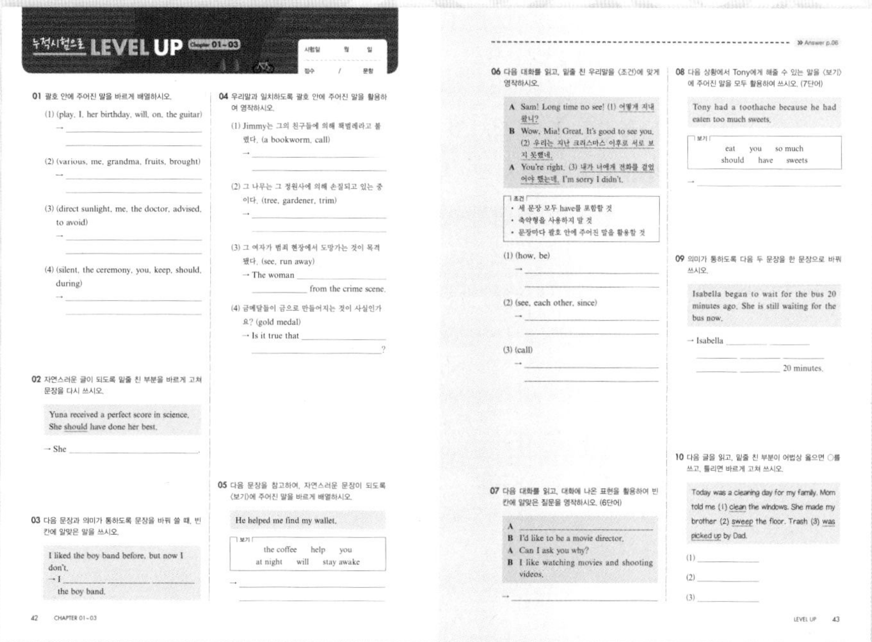

CONTENTS

SPECIAL THANKS TO <쓰기로 마스터하는 중학서술형> 교재를 검토해주신 선생님들입니다.
김용진 대성학원 **김혜영** 스터디원 **백명숙** 청심보습학원 **엄경화** 코헨영어
이천우 청원여자고등학교 **편영우** 자이언학원 **호현** 계원예술학교

01

02

>>> START

FINISH

10

CHAPTER 01

문장의 구조

09

08

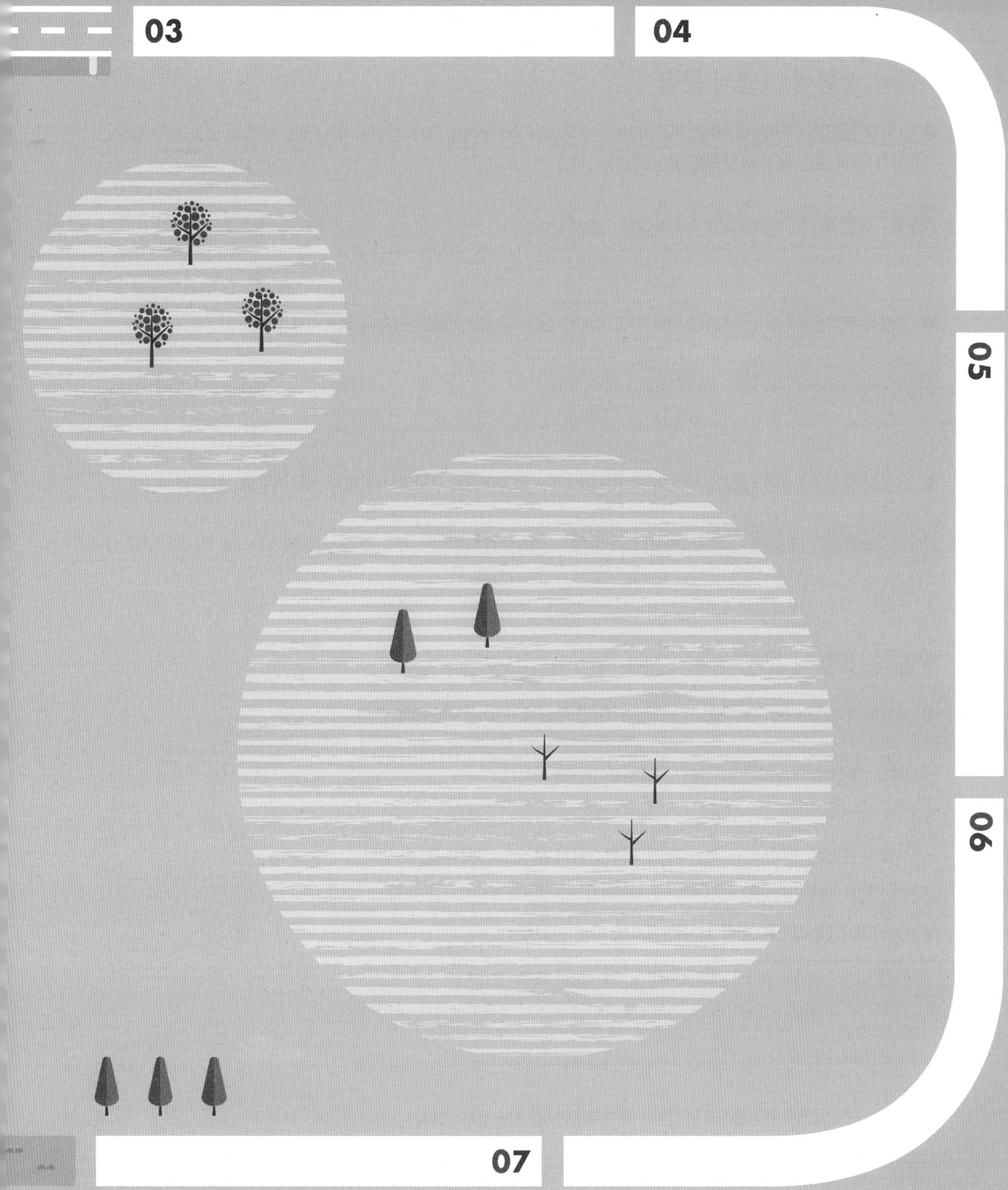

Unit 01　　문장의 형식

Unit 02　　5형식 문장

Unit 01

문장의 형식

1 1형식, 2형식, 3형식 문장

● 1형식 문장은 〈주어+동사〉로 이루어진다. 수식어(구)는 문장의 필수 성분은 아니지만 문장의 뜻을 풍부하게 하기 위해 모든 형식의 문장에 올 수 있다.

She	always	goes	to work	by bus.
주어	(수식어)	동사	(수식어구)	(수식어구)

그녀는 항상 버스를 타고 직장에 간다.

● 2형식 문장은 〈주어+동사+주격보어〉로 이루어진다. 주격보어로는 명사나 형용사를 쓴다.

Your essay	looks	perfect	to me.
주어	동사	주격보어	(수식어구)

너의 에세이는 나에게 완벽해 보인다.

● 3형식 문장은 〈주어+동사+목적어〉로 이루어진다. 목적어로는 (대)명사나 명사 상당어구를 쓴다.

Mr. Potter	likes	reading books	very much.
주어	동사	목적어	(수식어구)

Potter 씨는 책 읽는 것을 몹시 좋아한다.

2 4형식, 5형식 문장

● 4형식 문장은 〈주어+수여동사+간접목적어+직접목적어〉의 어순으로 쓴다.

Inah	sent	my family	some souvenirs.
주어	수여동사	간접목적어	직접목적어

인아는 내 가족에게 기념품 몇 개를 보냈다.

cf. 4형식 문장은 전치사(to, for, of)를 써서 3형식 문장으로 바꿔 쓸 수 있다.
→ Inah sent some souvenirs **to** my family.

■ **4형식에서 3형식으로 전환 시 수여동사에 따른 전치사**

give, send, show, teach, tell, bring, lend, write 등	to
make, buy, cook, get 등	for
ask	of

● 5형식 문장은 〈주어+동사+목적어+목적격보어〉의 어순으로 쓴다.

We	found	the new classmate	very funny.
주어	동사	목적어	목적격보어

우리는 전학생이 매우 재미있다는 것을 알게 되었다.

출제 포인트

보어, 목적어, 수식어를 구별하면 문장의 형식과 의미를 올바르게 파악할 수 있다.
They remained **at home.** (수식어 – 1형식) / They remained **friends.** (주격보어 – 2형식)
Albert ran **down the stairs.** (수식어 – 1형식) / Albert ran **a race.** (목적어 – 3형식)
I made her **a dress.** (직접목적어 – 4형식) / I made her **a happy girl.** (목적격보어 – 5형식)

문장으로 CHECK UP

>> Answer p.02

A 단어 배열하기

1 그 떨어지는 비 소리는 기분 좋게 들린다. (pleasant, falling, sounds, rain, the)

2 낯선 생물들이 깊은 바다에 산다. (creatures, the deep sea, live, strange, in)

3 Benjamin은 그의 부모님에게 꽃들을 가져다 드렸다. (brought, flowers, Benjamin, his parents)

4 그 호수는 겨울에 스케이트장이 된다. (an ice rink, becomes, in winter, the lake)

5 건조한 공기가 나의 눈을 가렵게 한다. (my eyes, makes, itchy, the dry air)

6 우리는 당신의 그림을 사고 싶습니다. (your, to, want, we, buy, painting)

B 빈칸 채우기

1 그 안내원은 방문객들에게 역사를 가르친다. (visitor)

The guide ______ ______ ______ .

2 나의 아버지는 나에게 그의 시계를 주셨다. (watch)

My father ______ ______ ______ ______ ______ .

3 사람들은 그를 슈퍼스타라고 부른다. (a superstar, call)

People ______ ______ ______ ______ .

4 그 공원은 평화로운 장소이다. (place)

______ ______ ______ a peaceful ______ .

5 Clara는 그녀의 가족에게 저녁을 요리해준다. (dinner)

Clara cooks ______ ______ ______ ______ .

C
문장 완성하기

1 그 관리자는 항상 그의 직원들을 바쁘게 한다. (worker, keep)

The manager always ______________________.

2 그 판매원은 Sarah에게 비싼 자동차 한 대를 보여주었다. (show, expensive)

The salesperson ______________________.

3 제가 당신에게 한 가지 질문을 해도 될까요? (ask)

Could I ______________________?

4 너의 카레는 맛있는 냄새가 난다. (delicious, smell)

____

5 나의 아빠는 아침에 일찍 일어나신다. (early, get up)

____

D
틀린 부분 고쳐 쓰기

1 그 농부는 야채들과 과일들을 기른다.

The farmer grows in vegetables and fruits.

→ ______________________

2 나의 부모님은 나를 조용히 있게 했다.

My parents got quiet.

→ ______________________

3 Benny는 Jake에게 커피 한 잔을 사주었다.

Benny bought a cup of coffee to Jake.

→ ______________________

4 그 신선한 딸기들은 달콤한 맛이 났다.

The fresh strawberries tasted sweetly.

→ ______________________

5 그들은 그녀를 영웅이라고 불렀다.

They called a hero her.

→ ______________________

서술형으로 STEP UP

>> Answer p.02

빈출유형 주어진 단어로 영작하기

예제 밑줄 친 우리말과 일치하도록 괄호 안에 주어진 말을 활용하여 영작하시오.

My favorite singer released a new album.
그의 새 노래들은 ❶나를 신나게 했다.
❷(make, excited)

→ ______________________

TIP 관사나 소유격 등을 빠뜨리지는 않았는지, 주어의 인칭과 수, 시제에 따라 동사의 형태를 변형시켰는지 한 번 더 확인하자!

★ 서술형 문제 풀이 과정

❶ '~을 …하게 하다'
: 〈make+목적어+목적격보어(형용사)〉

❷ 우리말과 일치하도록 단어를 추가하거나 주어진 단어를 변형하여 문장 쓰기

❸ 문장을 완성한 후, 주어의 수와 시제에 맞게 동사를 썼는지 확인하기

1 우리말과 일치하도록 괄호 안에 주어진 말을 활용하여 영작하시오.

(1) 그의 손들은 거친 느낌이 났다.
(rough, feel)

→ ______________________

(2) 나의 친구는 나에게 팔찌 한 개를 만들어 주었다.
(for, make, bracelet)

→ ______________________

(3) 그 새 학기는 3월에 시작한다.
(begin, semester, March)

→ ______________________

(4) Greg은 나에게 그의 번호를 주지 않았다.
(number, give)

→ ______________________

2 밑줄 친 우리말과 일치하도록 괄호 안에 주어진 말을 활용하여 영작하시오.

(1) Mary walked on the wet dirt.
그녀의 신발은 더러워졌다. (dirty, become)

→ ______________________

(2) Yesterday was my birthday.
나의 조부모님께서 나에게 선물 하나를 보내 주셨다. (gift, send)

→ ______________________

(3) Leonard looks very young for his age.
나는 그가 70세라는 것을 믿을 수 없다.
(old, believe, that)

→ ______________________

Unit 02

5형식 문장

1 목적격보어: 명사, 형용사

● 목적격보어로 명사를 쓰는 동사로는 call, name, elect, make 등이 있고, 형용사를 쓰는 동사로는 find, keep, leave, make, get 등이 있다.

They will **call** the baby Sam. 그들은 그 아기를 Sam이라고 부를 것이다.

His lies **made** her upset. 그의 거짓말들이 그녀를 속상하게 했다.

(the baby / her: 목적어, Sam. / upset.: 목적격보어)

2 목적격보어: to부정사

● 목적격보어로 to부정사를 쓰는 동사에는 ask, tell, want, expect, enable, allow, advise 등이 있다.

Dad **wants** us **to be** honest. 아빠는 우리가 정직하기를 원하신다.

3 목적격보어: 동사원형, 분사

● 지각동사의 목적어와 목적격보어가 능동 관계일 때는 동사원형이나 현재분사를, 수동 관계일 때는 과거분사를 쓴다.

He **saw** you **dance[dancing].** (you – dance[dancing]: 능동 관계) 그는 네가 춤추는[춤추고 있는] 것을 봤다.

I **heard** my name **called.** (my name – called: 수동 관계) 나는 나의 이름이 불리는 것을 들었다.

● 사역동사의 목적어와 목적격보어가 능동 관계일 때는 동사원형을, 수동 관계일 때는 과거분사를 쓴다.

Lisa **made** me **repair** the TV. (me – repair: 능동 관계) Lisa는 내가 텔레비전을 수리하게 했다.

Lisa **had** the TV **repaired.** (the TV – repaired: 수동 관계) Lisa는 텔레비전이 수리되게 시켰다.

cf. help는 목적격보어로 to부정사와 동사원형 모두를 쓸 수 있다.
He *helped* me (**to**) **move** the boxes.

출제 포인트

동사에 따른 목적격보어의 형태를 기억해두어야 한다.

call, name, elect, make 등	명사
find, keep, leave, make, get 등	형용사
ask, tell, want, expect, enable, allow, advise, warn, order 등	to부정사
지각동사 see, watch, look at, listen to, hear, smell, feel 등	동사원형, 분사
사역동사 make, have, let 등	동사원형, 과거분사

*make는 목적격보어로 명사, 형용사, 동사원형 모두를 쓸 수 있다.

문장으로 CHECK UP

>> Answer p.02

A 단어 배열하기

1 그는 그의 햄스터를 'Snowball'이라고 이름 지었다. (hamster, named, "Snowball", his, he)

2 Jenny는 그녀의 머리카락을 파마했다. (had, her, Jenny, permed, hair)

3 그 커플은 그 개들이 들판에서 뛰게 두었다. (let, in, the couple, run, the field, the dogs)

4 비행기는 사람들이 빠르게 이동할 수 있게 해준다. (quickly, people, travel, enable, airplanes, to)

5 나의 아버지는 그의 휴대 전화가 진동하는 것을 느끼셨다. (father, his, vibrate, felt, my, phone)

B 빈칸 채우기

1 Gary의 어머니는 그가 화장실을 청소하게 했다. (make)

Gary's mother ______ ______ ______ the bathroom.

2 Kelly 씨는 우리가 그녀와 함께하기를 바란다. (join, want)

Ms. Kelly ______ ______ ______ ______ her.

3 그들은 그 소파가 편안하다는 것을 알게 되었다. (sofa, find, comfortable)

They ______ ______ ______ ______.

4 Margaret은 그 음악가가 소나타를 연주하는 것을 들었다. (musician)

Margaret ______ ______ ______ ______ a sonata.

5 선생님들은 학생들이 규율들을 따르기를 기대한다. (follow, expect)

Teachers ______ ______ ______ ______ rules.

6 그 원숭이는 자신의 아기가 나무에 오르도록 도왔다. (it, climb)

The monkey ______ ______ ______ ______ into the tree.

C 문장 완성하기

1 나는 Sean이 결승골을 넣는 것을 봤다. (score, see)

______ the winning goal.

2 그 의사는 나의 아버지에게 소금을 덜 먹으라고 말했다. (eat, tell)

______ less salt.

3 그 코치는 내가 하루 종일 연습하게 했다. (practice, make)

______ all day.

4 Bella는 그녀의 차를 더러운 채로 두었다. (leave, dirty)

______

5 나는 나의 이 하나를 뺐다. (have, pull out, tooth)

______

D 틀린 부분 고쳐 쓰기

1 그 교수는 청중에게 필기하라고 조언했다.

The professor advised the audience taking notes.

→ ______

2 나는 그녀가 나의 새 전화기를 사용하게 허락했다.

I let her using my new phone.

→ ______

3 Nick은 어떤 사람들이 길에서 언쟁하는 것을 들었다.

Nick listened to some people argued on the street.

→ ______

4 그 여자는 웨이터에게 더 많은 냅킨을 가져와 달라고 요청했다.

The woman asked the waiter bring more napkins.

→ ______

5 내 친구는 내가 나의 숙제를 끝내는 것을 도와주었다.

My friend helped me finished my homework.

→ ______

서술형으로 STEP UP

>> Answer p.02

빈출 유형 조건에 맞게 영작하기

예제 다음 우리말을 〈조건〉에 맞게 영작하시오.

그는 어제 ❶ 그 기계가 수리되게 했다.

조건
- ❷ fix, have, machine을 활용할 것
- ❸ 5단어를 추가하여 문장을 완성할 것

→ ______________________________ yesterday.

TIP 우리말과 주어진 동사를 보고 문장의 형식을 파악한 뒤 목적격보어의 형태를 결정하자!

★ 서술형 문제 풀이 과정

❶ 우리말과 조건에 주어진 단어로 미루어 보아 사역동사(have)를 활용한 5형식 문장

❷ '기계가 수리되는' 것이므로 목적어(machine)과 목적격보어(fix)는 수동 관계
: 목적격보어는 과거분사

❸ 조건에 맞게 5단어로 쓰기

1 다음 우리말을 〈조건〉에 맞게 영작하시오.

(1) Bowen 선생님께서는 우리가 그 시험을 보는 것을 지켜보셨다.

조건
- take, watch, test를 활용할 것
- 5단어를 추가하여 문장을 완성할 것

→ Mr. Bowen ______________________.

(2) 그녀의 사업은 그녀를 부유하게 만들었다.

조건
- rich, make, business를 활용할 것
- 5단어의 완전한 문장으로 쓸 것

→ ______________________________

(3) 나의 부모님께서는 내가 화장하는 것을 허락하지 않으신다.

조건
- allow, wear makeup을 사용할 것
- 8단어의 완전한 문장으로 쓸 것

→ ______________________________
____

2 다음 글을 읽고, 밑줄 친 우리말을 〈조건〉에 맞게 영작하시오.

(1) Sally is a doctor. She helps her patients feel better. <u>그녀는 그들이 통증 없이 살기를 바란다.</u>

조건
- pain, live, want, without을 활용할 것
- 7단어의 완전한 문장으로 쓸 것

→ ______________________________
____

(2) Mr. Jackson had trouble sleeping. <u>그의 아내는 그에게 자기 전에 따듯한 우유를 마시라고 조언했다.</u>

조건
- warm, drink, advise를 활용할 것
- 8단어를 추가하여 문장을 완성할 것

→ ______________________________
____________________ before bedtime.

기출문제로 WRAP UP

01 우리말과 일치하도록 괄호 안에 주어진 말을 바르게 배열하시오.

(1) 너는 나에게 약간의 간식을 가져다 주겠니?
(me, can, snacks, some, you, bring)
→ ______________________

(2) 나는 그녀가 지적인 여자라고 생각한다.
(intelligent, that, an, I, she, think, is, woman)
→ ______________________
____

(3) 나의 이웃은 한밤중에 크게 노래를 불렀다.
(in the middle, loudly, of the night, my neighbor, sang)
→ ______________________
____

(4) 그 소식을 듣고 난 후, 그녀의 얼굴이 창백해졌다. (the news, after, turned, her face, pale, heard, she)
→ ______________________
____

02 다음 〈보기〉와 같이 주어진 문장과 의미가 통하도록 문장을 바꿔 쓰시오.

> 보기
> He teaches us English.
> → He teaches English to us.

(1) My uncle bought me new sneakers.
→ ______________________

(2) Please show her friends the house.
→ ______________________

03 우리말과 일치하도록 빈칸에 알맞은 말을 쓰시오.

(1) 아빠는 야구 경기를 보는 것을 좋아하신다.

→ ________ ________ ________ baseball games.

(2) Ben은 그의 친구에게 편지 한 통을 썼다.

→ Ben wrote ________ ________ ________ ________.

(3) 그 의사는 나에게 충분한 물을 마시라고 지시했다.

→ The doctor ordered ________ ________ ________ enough water.

04 다음 대화를 읽고, 괄호 안에 주어진 말을 활용하여 밑줄 친 우리말을 영작하시오.

(1)
A <u>그 문을 열어둬라.</u> (open, leave) My dog is outside.
B Okay. I will.

→ Please ______________________.

(2)
A Who is the captain of your team?
B <u>우리는 Josh를 우리의 주장으로 선출했어.</u> (elect)

→ ______________________

(3)
A What are you going to do today?
B <u>미용실에서 내 머리카락을 자를 거야.</u> (cut, have, going)

→ ______________________ at a hair salon.

05 다음 글을 읽고, 괄호 안에 주어진 말을 바르게 배열하여 밑줄 친 문장을 완성하시오.

(1) Maria went to a bookstore to buy some magazines. She had a 10% off coupon, (her, gave, the salesperson, so, a discount).

→ She had a 10% off coupon, ________ ________.

(2) I live near a small temple in the countryside. Every morning, (from, I, the bell, the temple, hear, ringing). The bell sounds calm and peaceful.

→ Every morning, ________ ________.

(3) We went to a popular restaurant in town. Some people were waiting to get a seat. A waiter came and (wait, us, a moment, told, for, to).

→ A waiter came and ________ ________.

06 어법상 틀린 곳을 찾아 바르게 고쳐 쓰시오. (없으면 '없음'이라고 쓸 것)

(1) That garbage on the street smells terribly.

________ → ________

(2) His negative attitude makes people uncomfortable.

________ → ________

07 다음 우리말을 〈조건〉에 맞게 영작하시오.

(1) 그 모델은 사진관에서 사진들이 찍히게 했다.

조건
- have, take, photo를 활용할 것
- 5단어를 추가하여 문장을 완성할 것

→ ________ in a photo studio.

(2) 그 경찰관은 그가 그 식당을 떠나도록 했다.

조건
- leave, make, restaurant를 활용할 것
- 5단어를 추가하여 문장을 완성할 것

→ The police officer ________ ________.

(3) 그녀는 Alex가 그녀를 쿡 찌르는 것을 느꼈다.

조건
- feel, poke를 활용할 것
- 5단어의 완전한 문장으로 쓸 것

→ ________

08 다음 대화를 읽고, 어법상 틀린 곳 2개를 찾아 바르게 고쳐 쓰시오.

A I lost my cat! Have you seen a cat?
B Oh, I saw a white cat hid under a bench. It looked nervous, so I gave it some milk to keep it calmly.
A Really? I think it's mine! Where was it?
B It was on 5th Street. I will help you find your cat.
A Thank you so much.

(1) ________ → ________

(2) ________ → ________

01

02

>>> START

FINISH

10

09

08

CHAPTER 02

시제와 조동사

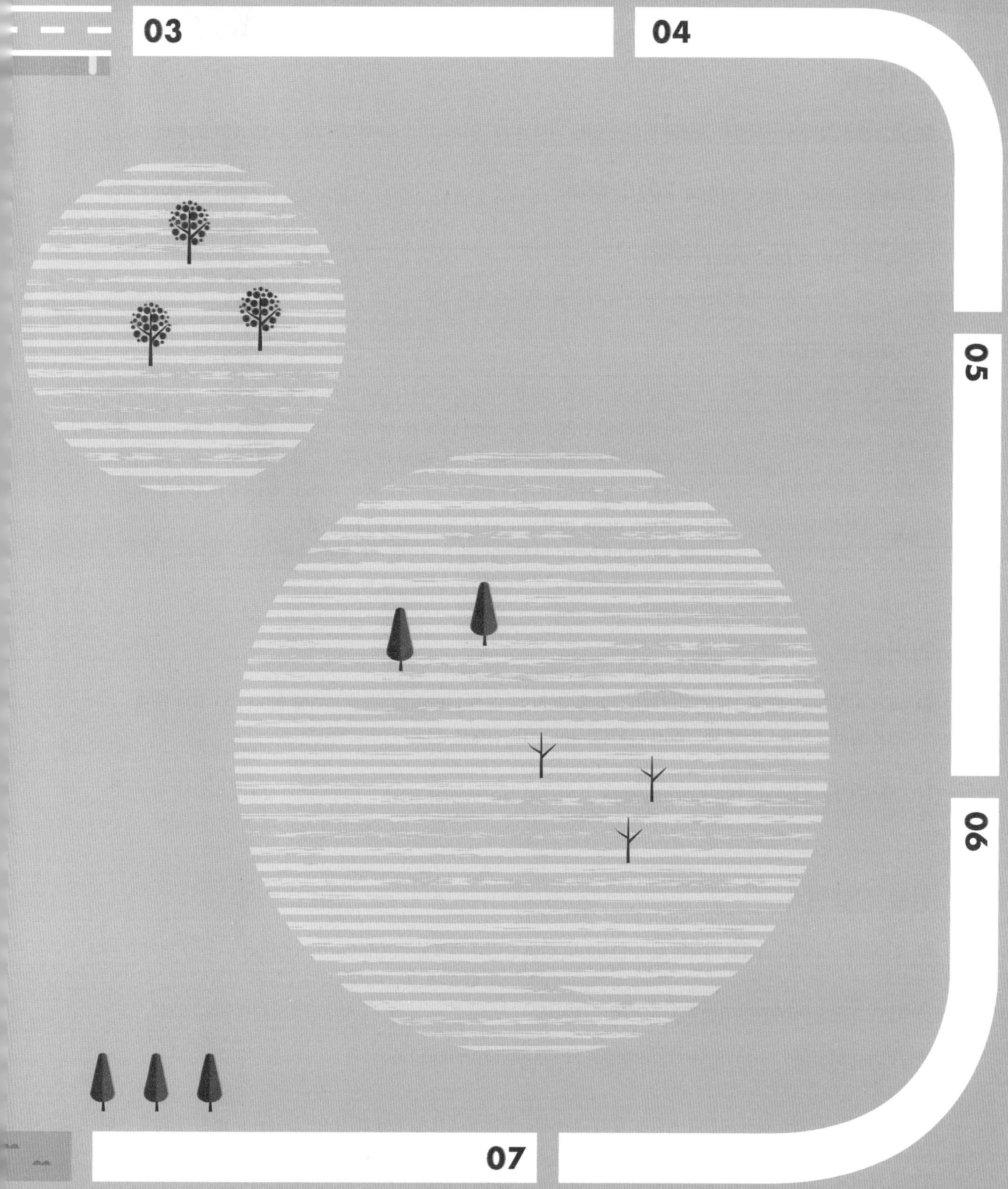

Unit 01 현재완료와 과거완료

Unit 02 조동사

Unit 01

현재완료와 과거완료

1 현재완료

● 과거에 시작되어 현재까지 영향을 미치는 일을 나타낼 때, 〈have/has+과거분사(v-ed)〉 형태로 쓴다.

I **have lived** here ***since 2010.*** 현재완료 — 나는 2010년 이후로 이곳에 살아왔다.

I **lived** here ***last year.*** 과거시제 — 나는 작년에 이곳에 살았다.

과거의 특정 시점을 나타내는 말은 현재완료와 쓰지 않음

■ **현재완료의 용법과 의미**

완료	막 ~했다, 이미 ~했다	Jenny **has** *just* **arrived.** → just, already, yet 등과 함께 씀
계속	계속 ~해왔다	I'**ve studied** English *for two years*. 〈for+기간〉 I'**ve studied** English *since 2015*. 〈since+시점〉 → for, since, how long 등과 함께 씀
경험	~한 적이 있다	**Have** you **played** golf *before*? → never, ever, before, once 등과 함께 씀
결과	~해버렸다 (그래서 지금은 …이다)	She **has gone to** Portugal. (~에 가고 (지금 여기에) 없다) *cf*. She **has been to** Portugal. (~에 가본 적이 있다) 경험

2 과거완료

● 과거 이전의 시점에서 과거까지의 '완료, 계속, 경험, 결과'를 나타낼 때, 또는 과거에 일어난 두 가지 일 중 먼저 일어난 일을 나타낼 때, 〈had+과거분사(v-ed)〉 형태로 쓴다.

He **had finished** his homework before he ***went out.*** — 그는 나가기 전에 그의 숙제를 끝냈었다.

3 완료 진행형

● 현재완료 진행형: 과거에 시작된 일이 현재에도 진행 중임을 강조할 때 〈have/has been v-ing〉 형태로 쓴다.

Aiden **has been running** for an hour. — Aiden은 한 시간째 달리고 있다.

(← Aiden started running an hour ago. He is still running now.)

● 과거완료 진행형: 과거 이전에 시작된 일이 과거에도 진행 중임을 강조할 때 〈had been v-ing〉 형태로 쓴다.

The child **had been swimming** when I ***saw*** him. — 그 아이는 내가 그를 보았을 때 수영하고 있는 중이었다.

출제 포인트

단순 완료와 완료 진행형의 형태와 쓰임을 잘 기억해둔다.

have v-ed	(현재완료)	had v-ed	(과거완료)
+ be v-ing	(진행형)	+ be v-ing	(진행형)
have been v-ing	(현재완료 진행형)	had been v-ing	(과거완료 진행형)

문장으로 CHECK UP

>> Answer p.03

A 단어 배열하기

1 내가 나의 고향을 떠난 이후로 5년이 되었다. (left, has, five years, my hometown, been, I, since)

It ______________________________.

2 그녀가 전화했을 때 Scott은 샤워 중이었다. (been, when, called, in the shower, had, she)

Scott ______________________________.

3 나는 이전에 진짜 호랑이를 본 적이 없다. (seen, before, I've, a real tiger, never)

____

4 너는 한 번이라도 유명한 누군가를 만나본 적이 있니? (anyone, ever, met, have, famous, you)

____

5 Martha는 열 시간째 자고 있다. (for, sleeping, Martha, has, ten hours, been)

____

6 우리가 만났을 때, Charlie는 웨이터로 일해오던 중이었다.
(a server, working, Charlie, had, as, been)

When we met, ______________________________.

B 빈칸 채우기

1 그는 중국에 가 버렸다. (to)

He ______________________________.

2 토끼가 왔을 때 그 여우는 숨어 있는 중이었다. (hide, fox)

______________________________ when the rabbit came.

3 그 밴드는 방금 새 노래를 공개했다. (just, release)

______________________________ a new song.

4 Dennis는 아침 내내 울고 있다. (cry)

Dennis ______________________________ all morning.

5 John은 저녁을 먹기 전에 낮잠을 잤었다. (take a nap)

John ______________________________ he ate dinner.

C 문장 완성하기

1 나는 전에 태국 음식을 시도해본 적이 없다. (try, never)

____________________ Thai food before.

2 그 아이스크림은 내가 집으로 가져오기 전에 이미 녹았다. (bring, melt, already)

The ice cream had ____________________ it home.

3 Halie는 2주째 그녀의 연설을 연습해오는 중이다. (be, speech, practice for)

____________________ for two weeks.

4 그 배는 아직 항구로 돌아오지 않았다. (return to port, yet)

The ship has ____________________.

5 천둥이 쳤을 때 나는 택시를 기다리고 있던 중이었다. (wait for, be, have)

____________________ when it thundered.

D 틀린 부분 고쳐 쓰기

1 너는 멜버른에 가본 적이 있니?

Have you gone to Melbourne?

→

2 그 비행기는 12시간째 비행해오는 중이다.

The plane has been flied since 12 hours.

→

3 나는 나의 운전면허 시험에 두 번 떨어진 적이 있다.

I fail my driving test twice.

→

4 구름들이 몰려들었을 때는 해가 내리쬐고 있던 중이었다.

The sun has been shining when the clouds rolled in.

→

5 그는 지난달에 이 소설을 읽었다.

He has read this novel last month.

→

서술형으로 STEP UP

>> Answer p.03

빈출 유형 두 문장을 한 문장으로 쓰기

예제 다음 두 문장을 한 문장으로 바꿔 쓰시오.

(1) The dog ❶ started barking 15 minutes ago. It is still barking now.

→ The dog ________ ________ ________ ________ ❷ 15 minutes.

(2) James ❸ lost his passport yesterday. He doesn't have it now.

→ James ________ ________ ________ ________.

TIP 과거 이전, 과거, 현재의 시점을 구분해서 알맞은 완료시제를 쓰자!

★ 서술형 문제 풀이 과정

❶ 과거의 특정 시점에 시작해서 현재에도 진행 중임 : 현재완료 진행형 〈have/has been v-ing〉

❷ 수식어구의 시간이 기간이면 for, 시점이면 since 쓰기

❸ 여권을 잃어버린 과거의 일이 현재에도 영향을 줌 : 현재완료 〈have/has v-ed〉

1 다음 두 문장을 완료 진행형을 사용하여 한 문장으로 바꿔 쓰시오.

(1) My mom started planting rice an hour ago. She is still planting it now.

→ ________________________________

________________________ an hour.

(2) I began looking for my watch this morning. I'm still looking for it now.

→ ________________________________

________________________ this morning.

(3) He started to play video games. He was still playing them when I came home two hours later.

→ ________________________________

two hours when I came home.

2 다음 두 문장을 완료시제를 사용하여 한 문장으로 바꿔 쓰시오.

(1) The bus left. After that, I arrived at the bus stop.

→ ________________________________

when I arrived at the bus stop.

(2) Jennifer went to Madrid. She isn't here now.

→ ________________________________

____

(3) I forgot my password for the website. I still don't know my password.

→ ________________________________

____

조동사

1 조동사 구문

- had better는 '~하는 게 좋겠다'라는 의미로 강한 충고나 권고를 나타낸다.

You **had better** fix your poor behavior. 너는 너의 형편없는 태도를 고치는 게 좋겠다.

축약형은 You'd better, 부정형은 had better not

- would rather ~ (than ...)은 '(…하느니) 차라리 ~하겠다'의 의미로 선호를 나타낸다.

문법적으로 같은 형태

I **would rather** get a taxi **than** wait for a bus. 나는 버스를 기다리느니 차라리 택시를 타겠다.

축약형은 I'd rather, 부정형은 would rather not

- used to는 '~하곤 했다'라는 의미로, 현재와는 다른 과거의 습관이나 상태를 나타낸다. would는 과거의 습관을 나타낸다.

My brother **used to** do ballet. 나의 형은 발레를 하곤 했다.

부정형은 used not to 또는 didn't used to

- would like to는 '~하고 싶다'라는 의미로 소망이나 제안을 나타낸다.

I **would like to** go to Morocco. 나는 모로코에 가고 싶다.

축약형은 I'd like to

2 조동사+have v-ed

- 〈조동사+have+과거분사(v-ed)〉로 과거의 일에 대한 추측·의심·가능성·후회 등을 나타낼 수 있다.

Jay looks tired. He **must have stayed** up late. Jay는 피곤해 보인다. 그는 늦게까지 깨어있던 게 틀림없다.

조동사+have v-ed	의미	용법
must have v-ed	'~했음이 틀림없다'	과거의 일에 대한 강한 추측
may[might] have v-ed	'~했을지도 모른다'	과거의 일에 대한 약한 추측
can't[cannot] have v-ed	'~했을 리 없다'	과거의 일에 대한 강한 의심
could have v-ed	'~할 수도 있었다'	과거의 일에 대한 가능성·후회
should have v-ed	'~했어야 했는데 (하지 않았다)'	과거의 일에 대한 후회·유감

*shouldn't have v-ed: '~하지 말았어야 했는데 (했다)'

출제 포인트

1 would는 과거의 상태를 나타낼 수 없다.
There ~~would~~ (→ **used to**) be a hospital here. (과거의 상태는 used to로 표현)

2 조동사에 따라 달라지는 〈조동사+have v-ed〉의 의미를 확실히 구분한다.
Amy became a chess champion. She ~~should~~ (→ **must**) have practiced hard.

문장으로 CHECK UP

>> Answer p.03

A 단어 배열하기

1 너는 교통이 나빠지기 전에 가는 게 좋을 거다. (better, before, gets, you'd, the traffic, bad, go)

2 나는 매일 아침에 우유를 마시곤 했다. (every morning, drink, to, milk, used, I)

3 잠시 앉으시겠어요? (like, you, sit down, to, would, for a while)

4 나는 집에 있느니 산책하겠다. (home, take a walk, rather, than, stay, I'd)

5 그녀는 그 소식을 들었음이 틀림없다. (the news, have, she, must, heard)

6 너는 그 콘서트에 왔어야 했다. (should, come, the concert, have, you, to)

B 빈칸 채우기

1 너는 나에게 사실을 말할 수도 있었는데, 하지 않았다. (tell)

______ the truth, but you didn't.

2 나는 차라리 그것에 대답하지 않겠다. (answer, rather)

______ that.

3 Tracy는 집에 있기 때문에 너는 그녀를 봤을 리 없다. (see)

______ Tracy because she's at home.

4 Charles는 준비 운동 없이 수영하지 말았어야 했다. (swim)

______ without warming up.

5 Gwen은 도서관에 갔을지도 모른다. (go to)

______ the library.

C **문장 완성하기**

1 나는 언젠가 러시아를 방문하고 싶다. (visit, would)

_______________ someday.

2 저 소리는 천둥이었을지도 모른다. (be, noise)

_______________ thunder.

3 그녀는 매일 조깅하러 가곤 했다. (jog, go)

_______________ every day.

4 그 너구리가 나의 채소들을 먹었음이 틀림없다. (eat, vegetable, raccoon)

____

5 나는 차라리 너의 친구들을 보지 않겠다. (see, rather)

____

D **틀린 부분 고쳐 쓰기**

1 저기에 등대가 있었다.

There would be a lighthouse over there.

→ _______________

2 비가 심하게 온다. 너는 외출하지 않는 게 좋겠다.

It's raining hard. You had not better go out.

→ _______________

3 나는 그 경기를 보느니 차라리 잠을 자러 가겠다.

I'd rather go to bed than to watch the match.

→ _______________

4 그 불이 그 서류들 모두를 없애버렸을 리가 없다.

The fire could have destroyed all of the documents.

→ _______________

5 우리는 젊었을 때 돈을 낭비하지 말았어야 했다.

We should not waste money when we were young.

→ _______________

서술형으로 STEP UP

>> Answer p.04

빈출 유형 우리말에 맞게 빈칸 영작하기

예제 우리말과 일치하도록 괄호 안에 주어진 말을 활용하여 빈칸에 알맞은 말을 쓰시오.

(1) 나는 고등학교에서 교복을 입곤 했다. (wear)

→ I ________ ________ ________ a uniform in high school.

(2) Yuki는 영어를 못하기 때문에 너를 이해했을 리 없다. (understand)

→ Yuki ________ ________ ________ ________ because she doesn't speak English.

TIP 조동사 구문의 의미를 정확하게 알아두고 빈칸 수에 맞게 쓰자!

★ 서술형 문제 풀이 과정

❶ 빈칸이 우리말의 어느 부분인지 확인하기

❷ 우리말에 맞는 조동사 구문 쓰기
'~하곤 했다': 〈used to+동사원형〉
'~했을 리 없다': 〈can't[cannot] have v-ed〉

1 우리말과 일치하도록 괄호 안에 주어진 말을 활용하여 빈칸에 알맞은 말을 쓰시오.

(1) Brandon은 외국어를 공부하고 싶어 한다. (study)

→ Brandon ________ ________ ________ ________ a foreign language.

(2) 나는 그에게 사적인 질문들을 하지 말았어야 했다. (ask)

→ ________ ________ ________ ________ ________ personal questions.

(3) 외계인들이 지구를 방문했을지도 모르지만, 나는 그것을 의심한다. (alien)

→ ________ ________ ________ ________ Earth, but I doubt it.

2 다음 대화를 읽고, 괄호 안에 주어진 말을 사용하여 밑줄 친 우리말을 영작하시오.

A Hey, why aren't you going in?
B I want to go in, but Mia's not here yet.
A What? The movie starts in just a few minutes. <u>그녀는 빨리 여기에 오는 게 좋을 거야, 그러지 않으면 그녀는 영화를 못 볼걸.</u> (soon, get here)
B Maybe I should call her.

→ ________ ________ ________ ________ ________, or she will miss the movie.

기출문제로 WRAP UP

01 우리말과 일치하도록 괄호 안에 주어진 말을 바르게 배열하시오.

(1) 너는 이 동영상을 보지 않는 게 낫겠다.
(not, this video, you, watch, better, had)
→ ________________________

(2) 저는 도쿄행 표를 사고 싶습니다.
(for Tokyo, buy, I'd, a ticket, to, like)
→ ________________________

(3) 나는 이 영화를 세 번 봤다.
(three, I, movie, this, watched, have, times)
→ ________________________
____

(4) 나는 정크푸드를 먹느니 차라리 한 끼 굶겠다.
(junk food, rather, eat, I, skip, would, a meal, than)
→ ________________________
____

02 다음 일정표를 보고, 표의 내용과 일치하도록 빈칸에 알맞은 말을 쓰시오.

<My Schedule>

Time	Schedule
9:00 - 10:00	Exercise at the gym
13:00 - 14:00	Eat lunch with Yuna
14:00 - 16:00	Study English

It is 3 o'clock now. I ________ ________ at the gym before I ________ ________ with Yuna. I ________ ________ ________ English since 2 o'clock.

03 의미가 통하도록 두 문장을 한 문장으로 바꿔 쓰시오.

(1) I started drawing a picture two hours ago. I'm still drawing.

→ I ________ ________ ________
________ ________ ________
two hours.

(2) He visited New York two years ago. He moved to New York last year.

→ ________ ________ ________
________ ________ before he moved there.

(3) Ms. Dunphy had short hair. Now she has long hair.

→ Ms. Dunphy ________ ________
________ short hair.

04 밑줄 친 부분을 어법에 맞게 고쳐 쓰시오.

(1) Ken <u>has already finished</u> dinner when I arrived.
→ ________________________

(2) The students <u>have completed</u> the project yesterday.
→ ________________________

[05~07] 다음 우리말을 〈조건〉에 맞게 영작하시오.

05 나는 배탈이 났다. 나는 덜 먹었어야 했다.

조건
- eat, less를 활용할 것
- 과거의 일에 대한 후회를 나타낼 것
- 5단어의 완전한 문장으로 쓸 것

→ I have a stomachache. ______________
____

06 그녀는 그 대학에 갈 수 있었지만, 대신 취업을 했다.

조건
- university, go를 활용할 것
- 과거의 일에 대한 가능성을 나타낼 것
- 7단어를 추가하여 문장을 완성할 것

→ ______________________________,
but she got a job instead.

07 Rachel은 그 시험에 통과했을 리가 없다. 그녀는 전혀 공부하지 않았다.

조건
- test, pass를 활용할 것
- 과거의 일에 대한 강한 의심을 나타낼 것
- 6단어의 완전한 문장으로 쓸 것

→ ______________________________
She didn't study at all.

08 다음 글을 읽고, 괄호 안에 주어진 말을 활용하여 밑줄 친 우리말을 영작하시오.

(1) I'm sorry that I used so much plastic. 나는 너무 많은 플라스틱을 사용하지 말았어야 했다. (use)

→ I __________ __________ __________
so much plastic.

(2) He missed the meeting. 그는 그것에 대해 잊어버린 게 틀림없다. (forget)

→ __________ __________ __________
__________ about it.

(3) The man looks nervous and anxious. 그가 그 돈을 훔쳤을지도 모른다. (steal)

→ __________ __________ __________
__________ the money.

09 다음 대화를 읽고, 밑줄 친 우리말을 〈조건〉에 맞게 영작하시오.

A Wow, Mark is an amazing singer. I'm very surprised.
B Why are you surprised?
A 그는 그 밴드에서 기타를 치곤 했거든. I didn't know he could also sing.
B Me neither. He must be very talented!

조건
- in, play the guitar를 활용할 것
- 과거의 습관을 나타내는 조동사를 쓸 것
- 8단어의 완전한 문장으로 쓸 것

→ ______________________________

01
02
>>> START
FINISH
10
09
08

03

04

05

06

07

CHAPTER 03

수동태

Unit 01

수동태

1 능동태와 수동태

- 주어가 행위를 직접 할 때는 능동태를, 주어가 행위를 당할 때는 수동태를 쓴다.
  수동태는 〈be동사+과거분사(v-ed)+by+행위자〉 형태로 쓴다.

The company **employs** twenty people. 능동태 — 그 회사는 스무 명의 사람을 고용한다.

Twenty people **are employed** **by** the company. 수동태 — 스무 명의 사람이 그 회사에 고용된다.

are employed: be동사+v-ed

by the company: by+행위자 — 행위자가 막연한 일반인이거나 중요하지 않을 때 생략 가능

2 수동태의 여러 형태

This interview	**is being recorded.** (be being v-ed)	진행형 수동태	이 인터뷰는 녹음되고 있다.
	has been recorded. (have/has been v-ed)	완료형 수동태	이 인터뷰는 녹음되었다.
	can be recorded. (조동사+be v-ed)	조동사가 있는 수동태	이 인터뷰는 녹음될 수 있다.

3 주의해야 할 수동태

- 〈동사+전치사[부사]〉의 동사구는 하나의 동사로 취급하여 함께 붙여 쓴다.

The old chairs **were thrown away** by Ben. — 그 오래된 의자들은 Ben에 의해 버려졌다.

- by 이외의 전치사로 행위자를 나타내는 경우가 있다.

Chloe **is satisfied with** her new school. — Chloe는 그녀의 새 학교에 만족한다.

be crowded with ~로 붐비다	be filled with ~로 가득 차다
be covered with/in ~로 덮여 있다	be interested in ~에 관심이 있다
be worried about ~에 대해 걱정하다	be surprised at ~에 놀라다
be disappointed with/at/in ~에 실망하다	be pleased with ~에 기뻐하다
be made of ~로 만들어지다 (원형이 남음)	be made from ~로 만들어지다 (원형 변형)

오답 노트

동사구를 포함한 수동태 문장에서 행위자를 나타낼 때, 전치사 by를 빠뜨리지 않도록 주의한다.
He was ~~looked after~~ (→ **looked after by**) a nurse.

문장으로 CHECK UP

>> Answer p.05

A 단어 배열하기

1 그 소설은 유명한 작가에 의해 쓰여졌다. (by, written, famous, the novel, was, author, a)

2 그 수수께끼는 과학자들에 의해 해결되었다. (been, by, the mystery, solved, scientists, has)

3 그 유리 용기는 보라색 액체로 가득 차있다. (is, a purple liquid, with, the glass container, filled)

4 우리의 현장 학습은 학교에 의해 연기되었다. (by, field trip, the school, put off, was, our)

5 칠면조가 나의 어머니에 의해 구워지고 있다. (my mother, is, by, the turkey, roasted, being)

6 그 혜성은 모두에 의해 보일 수 있다. (everyone, seen, the comet, by, be, can)

B 빈칸 채우기

1 그들은 아프리카에서 사자에게 공격당했다. (attack)

They ______ ______ ______ ______ ______ in Africa.

2 그 연설은 그 대통령에 의해 주어질 것이다. (give)

The speech ______ ______ ______ ______ the president.

3 그 다람쥐는 그 개들에게 쫓기고 있었다. (chase)

The squirrel ______ ______ ______ ______ the dogs.

4 그 컴퓨터는 Sarah에 의해 꺼졌다. (turn off)

The computer ______ ______ ______ ______ Sarah.

5 청동은 보통 구리와 주석으로 만들어진다. (usually, from)

Bronze ______ ______ ______ ______ copper and tin.

C
문장 완성하기

1 그 단어들은 나에 의해 쓰였다. (write down)

The words ______________ .

2 그 궁전은 많은 관광객들로 붐빈다. (crowd, palace)

______________ lots of tourists.

3 이 이론은 나의 아빠에 의해 입증되었다. (prove)

This theory has ______________ .

4 그 학교는 건축가 집단에 의해 설계될 것이다. (design, will)

______________ a group of architects.

5 나의 머리카락은 그 이발사에 의해 잘리고 있었다. (barber, cut)

____

D
틀린 부분 고쳐 쓰기

1 너의 책상은 네가 일을 시작하기 전에 정리되어야 한다.

Your desk should organize before you begin working.

→ ______________

2 그 탱크는 로켓에 의해 폭파되었다.

The tank was blown up a rocket.

→ ______________

3 그 도시는 그 폭풍 이후에 눈으로 뒤덮였다.

The city was covered at snow after the storm.

→ ______________

4 그 과제는 우리 선생님에 의해 설명된 적이 없다.

The assignment hasn't be explained by our teacher.

→ ______________

5 그 프로젝트는 그의 팀에 의해 논의되는 중이다.

The project is discussing his team.

→ ______________

서술형으로 STEP UP

>> Answer p.05

빈출 유형 조건에 맞게 영작하기

예제 다음 우리말을 〈조건〉에 맞게 영작하시오.

❶그 상자는 배달부에 의해 배달되었다.

조건
- ❷drop off, a delivery person을 활용할 것
- ❸9단어의 완전한 문장으로 쓸 것

→ ______________________________

TIP 우리말과 문맥을 보고 주어가 행위를 당하는 경우면 수동태로 쓴다!

★ 서술형 문제 풀이 과정

❶ '그 상자는 … 배달되었다'
: 주어가 행위를 당하므로 수동태 문장

❷ 동사구가 있는 수동태 문장에서 행위자를 나타낼 때 전치사 by를 빠뜨리지 않고 쓰기

❸ 단어의 개수가 맞는지 다시 한 번 확인

1 다음 우리말을 〈조건〉에 맞게 영작하시오.

그 바닥은 저녁마다 쓸어져야 한다.

조건
- sweep, floor, every evening을 활용할 것
- 7단어의 완전한 문장으로 쓸 것

→ ______________________________

2 다음 대화를 읽고, 밑줄 친 우리말을 〈조건〉에 맞게 영작하시오.

A How was the game yesterday?
B It was great. We won by 10 points!
A Wow, congratulations!
B Thank you. 나의 코치님이 그 결과에 기뻐하셨어.

조건
- please, coach, the result를 활용할 것
- 7단어의 완전한 문장으로 쓸 것

→ ______________________________

3 다음 글을 읽고, 밑줄 친 우리말을 〈조건〉에 맞게 영작하시오.

(1) 우주가 쓰레기로 가득 차고 있는 중이다. Where did it come from? Many countries send rockets and satellites into space. (2) 그것들 중 많은 수가 우주에 남겨진다. It is a big problem because they are dangerous. They can fall back down to Earth or break other satellites.

조건
- (1)은 fill, trash를 활용하여 6단어의 완전한 문장으로 쓸 것
- (2)는 leave, in을 활용하고 4단어를 추가하여 문장을 완성할 것

(1) ______________________________

(2) Many of them ______________________.

Unit 02

4형식/5형식 문장의 수동태

1 4형식 문장의 수동태 전환

- 4형식 문장은 목적어가 두 개이므로, 각각의 목적어를 주어로 하여 두 가지 수동태 문장을 만들 수 있다. 단, buy, make, cook, get 등의 4형식 동사는 직접목적어만 수동태 문장의 주어로 쓴다.

The principal gave my sister an award. (my sister: 간접목적어, an award: 직접목적어)
교장 선생님이 나의 언니에게 상을 주셨다.

→ My sister was given an award by the principal.
나의 언니가 교장 선생님께 상을 받았다.

→ An award was given to my sister by the principal.
상이 교장 선생님에 의해 나의 언니에게 주어졌다.

대부분의 4형식 동사: ⟨to+간접목적어⟩
buy, make, cook, get: ⟨for+간접목적어⟩

2 5형식 문장의 수동태 전환

- 목적격보어가 명사, 형용사, to부정사, 분사일 때는 형태 변화 없이 동사 뒤에 그대로 쓴다.

I call my dog Frodo. (my dog: 목적어, Frodo: 목적격보어)
나는 내 개를 Frodo라고 부른다.

→ My dog is called Frodo by me.
내 개는 나에게 Frodo라고 불린다.

- 사역동사 make와 지각동사의 목적격보어가 동사원형일 때는 to부정사로 바꿔 쓴다.

They made me leave. (me: 목적어, leave: 목적격보어)
그들은 내가 떠나게 했다.

→ I was made to leave by them.
나는 그들에 의해 떠나도록 시켜졌다.

I saw him surf[surfing] in the ocean. (him: 목적어, surf[surfing]: 목적격보어)
나는 그가 바다에서 서핑하는 것을 보았다.

→ He was seen to surf[surfing] in the ocean by me.
그가 바다에서 서핑하는 것이 나에게 보였다.

지각동사의 목적격보어로 분사가 쓰인 경우 그대로 씀

오답 노트

사역동사/지각동사가 수동태로 쓰인 문장에서는 목적격보어의 형태에 주의한다.

The boy **was made ~~give~~ (→ to give)** a presentation in class.

The criminal **was seen ~~escape~~ (→ to escape 또는 escaping)** from prison.

문장으로 CHECK UP

>> Answer p.05

A 단어 배열하기

1 그 남자가 유리창을 부수는 것이 보였다. (the window, was, breaking, seen, the man)

2 새 컴퓨터들이 직원들을 위해 구매되었다. (were, new computers, for, the employees, bought)

3 그는 청중에 의해 더 크게 말할 것이 요구되었다.
(speak louder, by, was, he, asked, the audience, to)

4 그 환자들은 그 의사에 의해 매일 운동하도록 시켜졌다.
(by, made, every day, the patients, the doctor, to, were, exercise)

5 어떤 문화권에서는 숫자 4가 불길하다고 여겨진다.
(unlucky, the number 4, considered, some cultures, is, in)

B 빈칸 채우기

1 나는 엄마에 의해 잔디를 깎으라는 말을 들었다. (tell, mow)

I ________ the lawn by Mom.

2 아인슈타인은 천재라고 불린다. (a genius, call)

Einstein ________.

3 내 발은 이 부츠에 의해 따뜻한 상태로 유지되었다. (warm, keep)

My feet ________ these boots.

4 한 통의 편지가 그 군인에게 보내졌다. (soldier, send)

A letter ________.

5 앵무새가 말하는 것이 Cathy에게 들렸다. (hear, speak)

A parrot ________.

C **문장 완성하기**

1 그 아이들은 비디오 게임들을 하는 것이 허락되었다. (play, allow)

The children ________________.

2 어떤 나쁜 소식이 경찰에 의해 Mary에게 말해졌다. (tell, the police)

Some bad news was ________________.

3 그는 그해의 최고 배우로 선정되었다. (the best, name)

________________ of the year.

4 Mark가 그 벤치 위에 앉아 있는 것이 Tina에 의해 보였다. (see, on)

Mark ________________ by Tina.

5 Claire는 그녀의 상사에 의해 그 강연에 참석하도록 시켜졌다. (attend, make, lecture)

Claire ________________ by her boss.

D **틀린 부분 고쳐 쓰기**

1 그 책들은 그 창고에서 더러운 채로 발견되었다.

The books found dirty in the storage.

→ ________________

2 나는 나의 누나에 의해 파티 음식을 준비하도록 시켜졌다.

I was made preparing food for a party by my sister.

→ ________________

3 그 팀이 국가를 부르는 것이 들렸다.

The team was heard sing the national anthem.

→ ________________

4 영어가 김 선생님에 의해 어르신들에게 가르쳐진다.

English is taught of the elderly by Ms. Kim.

→ ________________

5 그 권투 선수들은 심판에 의해 싸움을 멈출 것이 강요되었다.

The boxers were forced stop fighting by the referee.

→ ________________

서술형으로 STEP UP

>> Answer p.05

빈출 유형 문장 바꿔 쓰기

예제 다음 대화를 읽고, 밑줄 친 문장을 수동태 문장으로 바꿔 쓰시오.

A Hey, why is everyone looking at that table?
B ❶Jason sent Lena a flower basket!
A You mean Jason from the math club?
B Yes. That's so sweet of him.

→❷❸A flower basket ____________
____________!

TIP 주어진 문장의 형식을 파악한 뒤, 형식에 맞는 수동태 문장으로 전환하자!

★ 서술형 문제 풀이 과정

❶ 밑줄 친 문장은 동사가 send인 4형식이므로 두 가지 수동태 문장으로 전환 가능

❷ 직접목적어인 a flower basket이 수동태 문장의 주어인 상태

❸ 〈be동사+v-ed〉, 전치사, 간접목적어를 순서대로 쓰고 〈by+행위자〉를 마지막에 쓰기

1 다음 각 문장을 2개의 수동태 문장으로 바꿔 쓰시오.

(1) I showed my brother some card tricks.
→ My brother ____________
____________.
→ Some card tricks ____________
____________.

(2) Chris has given me a handkerchief.
→ I ____________
____________.
→ A handkerchief ____________
____________.

(3) Susan can lend you a bike.
→ You ____________.
→ A bike ____________
____________.

2 다음 각 문장을 수동태 문장으로 바꿔 쓰시오.

(1) The viewers called Mr. James "Prince Charming."
→ ____________
____

(2) His personality makes him popular.
→ ____________
____

(3) I saw the ducks crossing the street.
→ ____________
____

(4) People expected me to win the election.
→ ____________
____

(5) The teacher made Jane follow the rule.
→ ____________
____

기출문제로 WRAP UP

01 우리말과 일치하도록 괄호 안에 주어진 말을 바르게 배열하시오.

(1) 시카고는 바람의 도시라고 불린다.
(is, the Windy City, called, Chicago)
→ ______________________________

(2) Tim은 그의 악몽들에 의해 괴롭혀져왔다. (by, bothered, his nightmares, been, Tim, has)
→ ______________________________
____

(3) 그 감자들이 나의 아버지의 의해 요리되고 있었다. (being, my father, by, the potatoes, cooked, were)
→ ______________________________
____

(4) 너는 플라스틱이 석유로 만들어진다는 것을 알았니? (made, did, plastic, from, know, oil, was, you)
→ ______________________________
____

02 빈칸에 알맞은 말을 〈보기〉에서 골라 활용하여 쓰시오. (한 번씩만 사용할 것)

보기		
close	touch	create

(1) The visitors were allowed __________ __________ the sculpture.

(2) The art museum will __________ __________ during the weekend.

(3) The robots have __________ __________ by the company.

03 우리말과 일치하도록 괄호 안에 주어진 말을 활용하여 영작하시오.

(1) John이 웃는 소리가 들렸다. (laugh, hear)

→ John ______________________________.

(2) 스페인어는 많은 국가들에서 말해진다. (many, speak, country)

→ ______________________________
____

(3) 그 창문은 우리에 의해 파랗게 칠해졌다. (paint)

→ ______________________________
____

(4) 그 명령들은 그 군인들에 의해 수행되었다. (order, soldier, carry out)

→ ______________________________
____

04 다음 대화를 읽고, 밑줄 친 문장을 2개의 다른 수동태 문장으로 바꿔 쓰시오.

A How is Yuna doing?
B I think she's better now. She's asleep.
A I was very worried about her. Did she eat anything?
B Yes. <u>I gave her some hot soup.</u>
A That's good. I feel relieved.

(1) She ______________________________.

(2) ______________________________

>> Answer p.05

05 우리말과 일치하도록 괄호 안에 주어진 말을 활용하여 빈칸에 알맞은 말을 쓰시오.

(1) 그 문은 하루 종일 열린 채로 남겨졌다. (leave)
→ The door __________ __________ __________ all day.

(2) 그들은 그 교사에 의해 교실에 남아있도록 시켜졌다. (stay, make)
→ They __________ __________ __________ __________ in the classroom by the teacher.

(3) 우리는 어린이였을 때, 공룡에 관심이 있었다. (interest)
→ __________ __________ __________ __________ dinosaurs when we were children.

06 다음 우리말을 〈조건〉에 맞게 영작하시오.

(1) 새 에너지가 연구원들에 의해 발견될 수 있다.

조건
• 조동사 can을 쓸 것 • new energy, researcher, discover를 활용할 것 • 7단어의 완전한 문장으로 쓸 것

→ ______________________________

(2) 나의 차는 도둑들에 의해 침입되었다.

조건
• break into, thief를 활용할 것 • 7단어의 완전한 문장으로 쓸 것

→ ______________________________

07 다음 중 어법상 <u>틀린</u> 문장을 찾아 번호와 함께 다시 쓰시오.

(1) I was made repair the damage.
(2) I'm not satisfied with the service.
(3) Swimming was taught to the boys by a swimming instructor.

________ : ______________________________

08 다음 문장을 수동태 문장으로 바꿔 쓰시오.

(1) Paul saw Finn and I holding hands.
→ ______________________________

(2) My friends looked after my dog.
→ ______________________________

09 다음 글을 한 문장으로 요약할 때, 괄호 안에 주어진 말을 활용하여 빈칸에 알맞은 말을 쓰시오.

First Day of School

March 2, 2020

Today was the first day of school and there was a vote for class president. Sujin, Minho, and I were recommended by our classmates. We counted the votes, and surprisingly, I won! I'll try hard to be a good class president.

I __________ __________ __________ __________ by my classmates. (elect)

누적시험으로 LEVEL UP Chapter 01~03

시험일 월 일
점수 / 문항

01 괄호 안에 주어진 말을 바르게 배열하시오.

(1) (play, I, her birthday, will, on, the guitar)
→ ______________________
____

(2) (various, me, grandma, fruits, brought)
→ ______________________
____

(3) (direct sunlight, me, the doctor, advised, to avoid)
→ ______________________
____

(4) (silent, the ceremony, you, keep, should, during)
→ ______________________
____

02 자연스러운 글이 되도록 밑줄 친 부분을 바르게 고쳐 문장을 다시 쓰시오.

> Yuna received a perfect score in science. She <u>should</u> have done her best.

→ She ______________________.

03 다음 문장과 의미가 통하도록 문장을 바꿔 쓸 때, 빈칸에 알맞은 말을 쓰시오.

> I liked the boy band before, but now I don't.
> → I ________ ________ ________ the boy band.

04 우리말과 일치하도록 괄호 안에 주어진 말을 활용하여 영작하시오.

(1) Jimmy는 그의 친구들에 의해 책벌레라고 불렸다. (a bookworm, call)
→ ______________________
____

(2) 그 나무는 그 정원사에 의해 손질되고 있는 중이다. (tree, gardener, trim)
→ ______________________
____

(3) 그 여자가 범죄 현장에서 도망가는 것이 목격됐다. (see, run away)
→ The woman ______________________
____________ from the crime scene.

(4) 금메달들이 금으로 만들어지는 것이 사실인가요? (gold medal)
→ Is it true that ______________________
______________________?

05 다음 문장을 참고하여, 자연스러운 문장이 되도록 〈보기〉에 주어진 말을 바르게 배열하시오.

> He helped me find my wallet.

보기
the coffee　help　you
at night　will　stay awake

→ ______________________
____

06 다음 대화를 읽고, 밑줄 친 우리말을 〈조건〉에 맞게 영작하시오.

> **A** Sam! Long time no see! (1) 어떻게 지내 왔니?
> **B** Wow, Mia! Great. It's good to see you. (2) 우리는 지난 크리스마스 이후로 서로 보지 못했네.
> **A** You're right. (3) 내가 너에게 전화를 걸었어야 했는데. I'm sorry I didn't.

조건
- 세 문장 모두 have를 포함할 것
- 축약형을 사용하지 말 것
- 문장마다 괄호 안에 주어진 말을 활용할 것

(1) (how, be)
→ ________________________
____

(2) (see, each other, since)
→ ________________________
____

(3) (call)
→ ________________________
____

07 다음 대화를 읽고, 대화에 나온 표현을 활용하여 빈칸에 알맞은 질문을 영작하시오. (6단어)

> **A** ________________________
> **B** I'd like to be a movie director.
> **A** Can I ask you why?
> **B** I like watching movies and shooting videos.

→ ________________________

08 다음 상황에서 Tony에게 해줄 수 있는 말을 〈보기〉에 주어진 말을 모두 활용하여 쓰시오. (7단어)

> Tony had a toothache because he had eaten too much sweets.

보기
eat you so much
should have sweets

→ ________________________

09 의미가 통하도록 다음 두 문장을 한 문장으로 바꿔 쓰시오.

> Isabella began to wait for the bus 20 minutes ago. She is still waiting for the bus now.

→ Isabella ________ ________
________ ________ ________
________ ________ 20 minutes.

10 다음 글을 읽고, 밑줄 친 부분이 어법상 옳으면 ○를 쓰고, 틀리면 바르게 고쳐 쓰시오.

> Today was a cleaning day for my family. Mom told me (1) clean the windows. She made my brother (2) sweep the floor. Trash (3) was picked up by Dad.

(1) ____________

(2) ____________

(3) ____________

11 다음 문장을 괄호 안에 주어진 지시에 맞게 다시 쓰시오.

(1) I learn Chinese for five years. (현재완료 진행형으로 쓸 것)

→ ______________________

____

(2) Ross has lost his suitcase. (의문문으로 쓸 것)

→ ______________________

____

12 우리말과 일치하도록 〈보기〉에서 알맞은 단어를 골라 활용하여 쓰시오. (필요 시 단어를 추가할 것)

보기
sleep ring wash swim

(1) 그녀는 자신의 아들이 설거지를 하게 했다.

→ She had __________ __________

__________ the dishes.

(2) 나의 부모님께서는 내가 친구네 집에서 자는 것을 허락하신다.

→ My parents allow __________

__________ __________ over at my friend's house.

(3) 나는 거실에서 나의 전화가 울리는 소리를 들었다.

→ I heard __________ __________

__________ in the living room.

(4) 우리는 다섯 마리의 돌고래들이 바다에서 수영하는 것을 보았다.

→ We saw __________ __________

__________ in the ocean.

13 다음 각 문장을 수동태 문장으로 바꿔 쓰시오.

(1) They haven't offered me the job.

→ I ______________________

______________________.

(2) They asked Sue to join the chess club.

→ ______________________

______________________ by them.

(3) I made my sister translate the letter.

→ ______________________

____

(4) This app can turn off the lights of my house.

→ ______________________

____

14 다음 대화를 읽고, 밑줄 친 문장과 의미가 통하도록 〈조건〉에 맞게 문장을 바꿔 쓰시오.

A What seems to be the problem?
B I have sore eyes.
A Do you use the computer for a long time?
B Yes, I do.
A I think you should stop using the computer for a while.

조건
• 조동사를 사용할 것 • 8단어를 추가하여 문장을 완성할 것

→ You'd ______________________

______________________.

15 우리말과 일치하도록 알맞은 조동사와 괄호 안에 주어진 말을 활용하여 문장을 완성하시오.

(1) 저 아이들에게 물어보자. 그들은 내 잃어버린 고양이를 봤을지도 몰라. (see)

→ Let's ask those children. They ______ __________________ my lost cat.

(2) Dan이 이 비싼 셔츠를 샀을 리가 없다. 그는 항상 합리적인 결정들을 한다. (buy)

→ Dan __________________ this expensive shirt. He always makes reasonable decisions.

(3) 이 마을에는 많은 방문객들이 있었다. (하지만 지금은 없다.) (there, visitor, many)

→ __________________ in this town.

16 상황들이 일어난 시점을 보고, 문장을 완성하시오. ((1)은 완료시제, (2)는 완료 진행형으로 쓸 것)

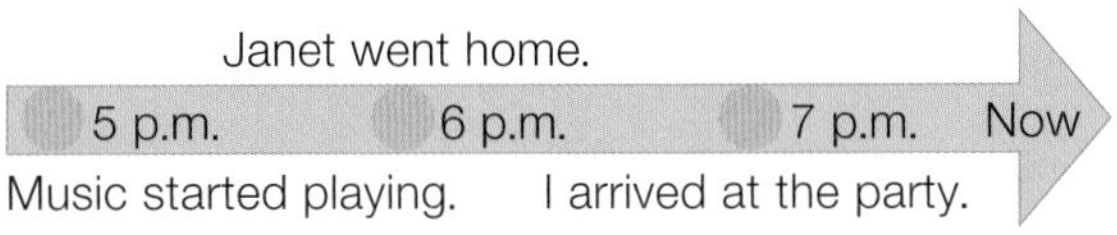

(1) __________________ home when I arrived at the party.

(2) The music __________________ two hours when I arrived at the party.

[17~18] 다음 우리말을 〈조건〉에 맞게 영작하시오.

17 나는 나의 여권을 집에 두고 왔음을 깨달았다.

조건
- 완료시제를 포함할 것
- leave, realize, passport를 활용할 것
- 8단어를 추가하여 문장을 완성할 것

→ __________________ at home.

18 그 거리는 봄에 벚꽃들로 뒤덮인다.

조건
- in spring, cherry blossoms를 사용할 것
- the street을 문장 맨 앞에 써서 9단어의 완전한 문장으로 쓸 것

→ __________________
____

19 다음 중 어법상 틀린 문장 2개를 찾아 번호와 함께 다시 쓰시오.

(1) I've been to Barcelona last year.
(2) She found the book interesting.
(3) You'd not better walk around at night.
(4) The eggs have been boiling for five minutes.

______ : __________________
____

______ : __________________
____

01
02
>>> START
FINISH
10
09
08

CHAPTER 04

to부정사

Unit 01 to부정사의 명사적 용법

1 명사 역할을 하는 to부정사

- '~하는 것, ~하기'라는 뜻으로 명사처럼 주어·보어·목적어 자리에 쓸 수 있다.

My goal is **to publish a book next year.** (보어) 나의 목표는 내년에 책을 출판하는 것이다.

2 가주어, 가목적어, 의미상 주어

- to부정사가 주어이거나 5형식 문장의 목적어인 경우, 원래 자리에 각각 가주어/가목적어 it을 쓰고 to부정사는 뒤로 보낸다.

It (가주어) is interesting **to experience new cultures.** (진주어) 새로운 문화들을 경험하는 것은 흥미롭다.

I found **it** (가목적어) challenging **to give presentations.** (진목적어) 나는 발표하는 것이 도전적임을 알게 됐다.

- to부정사의 행위를 하는 주체를 의미상 주어라고 하며, to부정사 앞에 〈for+목적격〉의 형태로 쓴다.
  사람의 성격·성품을 나타내는 형용사가 보어로 오면 〈of+목적격〉으로 쓴다.
  kind, nice, polite, thoughtful, careless, foolish, cruel 등

It was hard **for Mark** **to stop** the machine. Mark가 그 기계를 멈추는 것은 어려웠다.

It was *polite* **of her** **to wait** for the elderly. 그녀가 노인들을 기다린 것은 예의 발랐다.

(for Mark / of her: 의미상 주어)

3 의문사+to부정사

- '무엇을/어디서/누가[누구를]/어떻게/언제 ~할지'라는 뜻은 〈what/where/who(m)/how/when+to부정사〉로 표현할 수 있으며, 명사처럼 주어·보어·목적어 자리에 쓸 수 있다.

I don't know **what to order** (목적어) on the menu. 나는 메뉴에서 무엇을 주문할지 모르겠다.

cf. 〈의문사+to부정사〉는 〈의문사+주어+should+동사원형〉으로 풀어 쓸 수 있다.
I don't know **what I should order** on the menu.

출제 포인트

to부정사를 사용하여 '(~가) …하는 것은 ~하다'를 영작할 때, 〈It+be동사+형용사(+for[of]+목적격)+to-v〉 형태로 쓴다. 이때 우리말 시제에 맞게 be동사의 형태를 바꿔야 함에 유의한다.
우리가 그 수족관을 방문한 것은 재미있었다.
→ **It ~~is~~** (→ **was**) entertaining **for us to visit** the aquarium.

문장으로 CHECK UP

>> Answer p.08

A 단어 배열하기

1 실수로부터 배우는 것은 중요하다. (important, from, learn, is, to, it, mistakes)

2 Emily는 바다에서 서핑하는 것을 좋아한다. (in, likes, the ocean, to, Emily, surf)

3 우리의 소망은 우리 자신의 식당을 여는 것이다. (to, our, our hope, restaurant, own, is, open)

4 나는 아랍어를 읽는 것이 어렵다는 것을 알게 됐다. (found, Arabic, I, difficult, it, to, read)

5 이 여행 잡지는 저 나라에서 무엇을 볼지 설명해준다.
(what, travel magazine, that country, see, in, to, this, explains)

6 부모들이 그들의 자녀들을 사랑하는 것은 자연스럽다.
(parents, natural, is, love, to, it, for, their children)

B 빈칸 채우기

1 나는 너를 속이는 것이 가능하다고 생각했다. (fool, possible)

I thought ______ you.

2 나는 내가 언제 떠나야 할지 모른다. (leave)

I don't know ______ .

3 그의 목표는 그의 새 학교에서 친구들을 사귀는 것이다. (make friends)

His aim ______ at his new school.

4 그가 길을 알려준 것은 친절했다. (kind)

______ to show the way.

5 그녀는 나에게 그 소포를 어디로 보낼지 물어봤다. (package, send)

She asked me ______ .

C **문장 완성하기**

1 나의 계획은 경제학을 전공하는 것이다. (major, plan)

_______________ in economics.

2 스카이다이빙을 하러 가는 것은 신이 난다. (skydive, exciting, go)

It is _______________.

3 곰들이 겨울에 겨울잠을 자는 것은 정상이다. (hibernate, normal)

_______________ in winter.

4 우리가 시간을 낭비한 것은 어리석었다. (it, foolish, waste time)

____

5 나는 어떻게 젓가락을 쓰는지를 배우고 싶다. (learn, want, use chopsticks)

____

D **틀린 부분 고쳐 쓰기**

1 네가 슬프다고 느낄 때 우는 것은 도움이 된다.

That is helpful to cry when you feel sad.

→ _______________

2 너의 일은 화분들에 허브를 심는 것이다.

Your job is plant herbs in the pots.

→ _______________

3 네가 우리에게 전화를 해준 것은 사려 깊었다.

It was thoughtful for you to give us a call.

→ _______________

4 너는 너의 파티에 누구를 초대할지 결정했니?

Have you decided where to invite to your party?

→ _______________

5 그가 사람들의 주의를 끄는 것은 쉬웠다.

It is easy of he to attract people's attention.

→ _______________

서술형으로 STEP UP

>> Answer p.08

빈출 유형 우리말을 조건에 맞게 영작하기

예제 다음 우리말을 〈조건〉에 맞게 영작하시오.

❶❷ 그녀가 이 약을 먹는 것은 필수적이다.

조건
- ❶ 'It ~ to ...' 구문을 사용할 것
- necessary, medicine, take를 포함할 것
- ❸ 9단어의 완전한 문장으로 쓸 것

→ ______________________

____

★ 서술형 문제 풀이 과정

❶ 우리말 '(~가) …하는 것은 ~하다'를 조건에 나온 〈It ~ to ...〉 구문을 사용하여 영작하기

❷ to부정사의 행위를 하는 주체(그녀)가 있으므로 의미상 주어 사용하기: 〈for[of]+목적격〉

❸ 〈It+be동사+형용사+for[of]+목적격+to-v〉 형태로 쓴 후 be동사의 시제와 단어 수 확인하기

TIP 조건에서 제시한 표현을 사용하여 문장을 쓰자!

1 다음 우리말을 〈조건〉에 맞게 영작하시오.

(1) 그들이 너에게 소리 지른 것은 무례했다.

조건
- 'It ~ to ...' 구문을 사용할 것
- yell at, rude를 포함할 것
- 9단어의 완전한 문장으로 쓸 것

→ ______________________

____

(2) 그녀는 그녀의 여행 가방 안에 무엇을 넣을지 적었다.

조건
- to부정사를 사용할 것
- put, suitcase, write down을 활용할 것
- 9단어의 완전한 문장으로 쓸 것

→ ______________________

____

2 다음 대화를 읽고, 밑줄 친 우리말을 〈조건〉에 맞게 영작하시오.

A How was the movie last night? Was it fun?
B No, it wasn't. The storyline was bad, and the acting was poor. <u>그 영화를 보는 것은 지루했어.</u>
A Oh, that's too bad.

조건
- 가주어를 사용할 것
- the movie, watch, boring을 포함할 것
- 7단어의 완전한 문장으로 쓸 것

→ ______________________

Unit 02

형용사적·부사적 용법과 주요 구문

1 형용사 역할을 하는 to부정사

- '~할, ~하는'이라는 의미로, (대)명사를 뒤에서 수식하는 형용사 역할을 할 수 있다.

She is looking for a dress to wear at the party. 그녀는 파티에서 입을 드레스를 찾는 중이다.

cf. 수식 받는 (대)명사가 전치사의 목적어일 경우 전치사도 to부정사 뒤에 써준다.
He asked for *a chair* **to sit on**. (← sit on a chair)

2 부사 역할을 하는 to부정사

- 형용사를 수식('~하기에')하거나 목적('~하기 위해서'), 감정의 원인('~해서'), 결과('…해서 ~하다') 등을 나타내는 부사 역할을 할 수 있다.

I started jogging to stay healthy. 목적 나는 건강을 유지하기 위해서 조깅을 시작했다.
= in order to = so as to

3 to부정사를 사용한 구문

- ⟨too+형용사/부사+to-v⟩는 '…하기에 너무 ~하다'라는 의미이다. '너무 ~해서 …할 수 없다'라는 의미의 ⟨so+형용사/부사+that+주어+can't[couldn't]+동사원형⟩으로 바꿔 쓸 수 있다.

The box is too heavy for him to pick up. 그 상자는 그가 들기에 너무 무겁다.
(➜ The box is **so heavy that he *can't* pick** it up.)

- ⟨형용사/부사+enough to-v⟩는 '…할 만큼 충분히 ~하다'라는 의미이다. '너무 ~해서 …할 수 있다'라는 의미의 ⟨so+형용사/부사+that+주어+can[could]+동사원형⟩으로 바꿔 쓸 수 있다.

He jumped high enough to touch the ceiling. 그는 천장에 닿을 만큼 충분히 높게 뛰었다.
(➜ He jumped **so high that he *could* touch** the ceiling.)

- ⟨seem to-v⟩는 '~해 보인다', '~인 것 같다'라는 의미이며, ⟨It seems that+주어+동사⟩로 바꿔 쓸 수 있다.

Many Koreans seem to enjoy Japanese food. 많은 한국인들이 일본 음식을 즐기는 것 같다.
(➜ **It *seems* that many Koreans enjoy** Japanese food.)

오답 노트

⟨too ~ to-v⟩, ⟨~ enough to-v⟩ 구문과 ⟨so ~ that ...⟩ 구문을 서로 바꿔 쓸 때 주어, 시제 일치, enough의 위치 등에 유의한다.
They were **too busy to rest**.
→ They were **so busy that they ~~can~~ (→ couldn't) rest**.

문장으로 CHECK UP

>> Answer p.08

A 단어 배열하기

1 너는 그 일을 완수할 능력이 있다. (the task, to, you, the ability, have, complete)

2 그 학생은 그의 숙제를 하기에 너무 게을렀다. (to, lazy, was, his homework, the student, do, too)

3 내 지갑은 내 주머니에 들어갈 만큼 충분히 작다. (to, my pocket, small, is, my wallet, fit in, enough)

4 Pamela는 글을 쓸 약간의 종이를 준비했다. (some paper, prepared, to, Pamela, on, write)

5 그녀는 그녀의 사업을 운영하기 위해 열심히 일했다.
(manage, in order to, worked, she, her business, hard)

6 그녀는 졸업 후에 무엇을 할지 아는 것 같다.
(after, to, know, she, do, what, to, seems, graduation)

B 빈칸 채우기

1 그들은 식중독에 걸린 것 같다. (have)

______ food poisoning.

2 나는 기차를 타기 위해 일찍 떠났다. (so, get on)

I left early ______ a train.

3 날씨는 수영하러 가기에 충분히 따뜻하다. (go, warm)

The weather is ______.

4 그 요리법은 내가 따라 하기에 너무 복잡하다. (follow, complicated)

The recipe is ______ for me ______.

5 함께 여행할 친구가 있는 것은 좋다. (travel)

It is nice to have ______.

C

문장 완성하기

1 그의 엉성한 글은 이해하기에 어렵다. (hard)

His sloppy writing ______ .

2 나는 내가 가장 좋아하는 가수를 보기 위해 그 콘서트에 갔다. (favorite, see)

I went to the concert ______ .

3 그 소년은 자라서 소방관이 되었다. (a firefighter, grow up)

______

4 저 영화는 너무 무서워서 나는 그것을 볼 수 없다. (movie, watch, scary, so)

______

5 그 소녀들은 그 코끼리에게 먹이를 줄 만큼 충분히 용감했다. (brave, feed)

______

D

틀린 부분 고쳐 쓰기

1 그들은 많은 돈을 가진 것 같다.

It seemed that they had a lot of money.

→ ______

2 이 택시는 그 버스를 따라잡을 만큼 충분히 빠르다.

This taxi is enough fast to catch the bus.

→ ______

3 그녀는 그 메시지를 받아서 기뻤다.

She was pleased in order to receive the message.

→ ______

4 나의 할머니는 스노보드를 타기에는 너무 연로하시다.

My grandmother is old enough to go snowboarding.

→ ______

5 나의 딸은 가지고 놀 장난감이 필요하다.

My daughter needs a toy to play.

→ ______

서술형으로 STEP UP

>> Answer p.08

빈출 유형 조건에 맞게 영작하기

예제 다음 글을 읽고, 밑줄 친 문장을 〈조건〉에 맞게 바꿔 쓰시오.

I went to Disneyland to ride a new roller coaster. The sign said, "You must be taller than 140 cm." ❶My younger brother was so short that he couldn't ride it. My poor brother!

조건
- ❶'too ~ to ...' 구문을 사용할 것
- ❷6단어를 추가하여 문장을 완성할 것

→ My younger brother ________________
________________________________.

TIP to부정사를 사용한 구문의 구조와 의미를 기억해두자!

★ 서술형 문제 풀이 과정

❶ 밑줄 친 문장의 〈so ~ that ... can't〉 구문을 〈too ~ to ...〉 구문으로 바꿔 쓰는 문제

❷ 조건에 맞게 6단어로 썼는지 확인

1 다음 글을 읽고, 밑줄 친 우리말을 〈조건〉에 맞게 영작하시오.

Mia sees a car advertisement on the Internet. The new sports car is $300,000. Mia는 그 차를 살 만큼 충분히 부유하다.

조건
- buy, rich를 포함할 것
- 6단어를 추가하여 문장을 완성할 것

→ Mia is ________________________
________________________________.

2 다음 대화를 읽고, 밑줄 친 우리말을 〈조건〉에 맞게 영작하시오.

A Hey, Stanley. Where have you been?
B I went to the bank. 나는 내 용돈을 저축하기 위해 은행 계좌를 개설했어.
A That's a good idea!

조건
- pocket money, order, save를 포함할 것
- 빈칸에 한 단어씩만 쓸 것

→ I opened a bank account ________
________ ________ ________
________ ________ ________.

Unit 03

to부정사 vs. 동명사

1 to부정사와 동명사를 구분하여 목적어로 쓰는 동사

- to부정사를 목적어로 쓰는 동사: want, need, wish, hope, plan, promise, expect, decide, refuse 등

Lena **plans** **to visit** Greece this summer. Lena는 이번 여름에 그리스를 방문할 계획이다.

- 동명사를 목적어로 쓰는 동사: enjoy, mind, keep, finish, practice, stop, quit, avoid, give up 등

Stop **complaining** about your life. 네 인생에 대해 불평하는 것을 그만 둬라.

cf. stop to-v: ~하기 위해 멈추다 (to부정사의 부사적 용법)

2 to부정사와 동명사 모두 목적어로 쓰는 동사

- 의미가 동일한 경우: like, love, hate, begin, start, continue 등

I **began** **mixing[to mix]** the ingredients. 나는 그 재료들을 섞기 시작했다.

- 의미가 달라지는 경우: remember, forget, try 등

Minsu **remembers** **to walk** his dog. 민수는 그의 개를 산책시킬 것을 기억한다.

Minsu **remembers** **walking** his dog yesterday. 민수는 어제 그의 개를 산책시킨 것을 기억한다.

remember to-v ~할 것을 기억하다	remember v-ing ~한 것을 기억하다
forget to-v ~할 것을 잊다	forget v-ing ~한 것을 잊다
try to-v ~하려고 노력하다	try v-ing (시험 삼아) ~해 보다

3 동명사 관용 표현

I **can't help smiling** when I see his face. 나는 그의 얼굴을 볼 때 미소 짓지 않을 수 없다.

feel like v-ing ~하고 싶다	cannot help v-ing ~하지 않을 수 없다
be worth v-ing ~할 가치가 있다	be[get] used to v-ing ~하는 데 익숙하다[익숙해지다]
look forward to v-ing ~하기를 고대하다	spend+시간/돈+(on) v-ing ~하는 데 시간/돈을 쓰다
have trouble v-ing ~하는 데 어려움을 겪다	stop[prevent]+목적어+from v-ing ~가 …하는 것을 막다

오답 노트

to부정사의 to 뒤에는 동사원형을 쓰고, 전치사 to 뒤에는 (동)명사를 써야 한다.

I **look forward** ***to*** ~~go~~ (→ **going**) to Europe.

문장으로 CHECK UP

>> Answer p.08

A 단어 배열하기

1 나는 예순 살까지 계속 일하고 싶다. (continue, to, until, I, want, working, age sixty)

2 그 고양이는 나무 위로 뛰어오르려고 노력했다. (the tree, tried, onto, the cat, jump, to)

3 나는 대학을 마치는 데 5년의 시간을 보냈다. (college, five years, I, spent, completing)

4 나의 가족은 중국 음식을 주문하기로 결정했다. (order, my family, Chinese food, to, decided)

5 Donna는 패스트푸드 먹는 것을 그만둬야 한다. (should, fast food, eating, Donna, quit)

6 당신의 얼굴에 선크림을 바를 것을 기억하세요. (your face, put, remember, on, to, sunscreen)

B 빈칸 채우기

1 Jake는 그의 방을 치우고 싶지 않았다. (feel, clean)

Jake ________ his room.

2 Jessica는 화장실을 사용할 필요가 있었다. (use, need)

________ the bathroom.

3 나는 보고서 쓰는 것을 끝낸 후에 자러 갔다. (a report, finish)

I went to bed after ________.

4 그 신생아들이 함께 울기 시작했다. (begin)

The newborn babies ________ together.

5 그는 서울에서 새 집을 구하는 데 어려움을 겪었다. (find, trouble)

________ a new house in Seoul.

C

문장 완성하기

1 Ramon은 그가 8살이었을 때 요리하기 시작했다. (start)

when he was eight.

2 나의 어머니는 내년에 은퇴하길 바라신다. (retire, hope)

next year.

3 그녀는 그에게 그 프로그램을 설명하는 것을 포기했다. (explain, give up)

to him.

4 Gabrielle은 시카고에서 피자를 먹은 것을 기억한다. (eat, Chicago)

5 그들은 그 여행 가이드에게 말하기 위해 멈췄다. (tour guide, talk to)

D

틀린 부분 고쳐 쓰기

1 그녀는 그녀의 방 불을 끌 것을 잊어버렸다.

She forgot turn off the light in her room.

→

2 Samantha는 같은 실수를 계속 한다.

Samantha keeps make the same mistakes.

→

3 저 책은 길지만, 그것은 읽을 가치가 있다.

That book is long, but it is worth read.

→

4 너는 그 시험에서 좋은 점수를 받을 거라고 예상했니?

Did you expect get a good grade on the test?

→

5 그는 토요일 아침마다 늦잠 자는 것을 좋아한다.

He loves sleep late on Saturday mornings.

→

서술형으로 STEP UP

>> Answer p.09

빈출 유형 밑줄 친 부분 고쳐 쓰기

예제 다음 글을 읽고, 밑줄 친 부분을 어법과 문맥에 맞게 고쳐 쓰시오.

❶❷I forgot (1) charge my smartphone, so the battery died. But I don't❸mind (2) be without my smartphone.

(1) ________________

(2) ________________

TIP to부정사와 동명사 모두를 목적어로 쓰는 동사의 경우 문맥에 맞는 표현으로 골라 쓰자!

★ 서술형 문제 풀이 과정

❶ 배터리가 나갔으므로 문맥상 '나의 스마트폰을 충전할 것을 잊었다'라는 의미가 알맞음

❷ '~할 것을 잊다': ⟨forget to-v⟩

❸ mind는 동명사를 목적어로 쓰는 동사

1 밑줄 친 부분을 어법에 맞게 고쳐 쓰시오.

(1) I cannot help feel better when I hear her laugh.

→ ________________

(2) He is looking forward to watch that concert with you.

→ ________________

(3) Dorothy isn't used to drive at night.

→ ________________

(4) My grandmother refused go back into the hospital.

→ ________________

[02~03] 다음 글을 읽고, 밑줄 친 부분을 어법과 문맥에 맞게 고쳐 쓰시오.

2 If you want to improve your health, you should avoid (1) eat fatty foods. Also remember (2) walk at least 30 minutes a day.

(1) ________________

(2) ________________

3 I usually meet my friends on weekends. We practice (1) dance together. We also spend time (2) chat about our school life. I want (3) stay friends with them for a long time.

(1) ________________

(2) ________________

(3) ________________

기출문제로 WRAP UP

01 우리말과 일치하도록 괄호 안에 주어진 말을 바르게 배열하시오.

(1) Jaime는 운동하기 위해 체육관에 간다.
(exercise, the gym, so as to, goes to)

→ Jaime ______________________
______________________.

(2) 이 바지는 입기에 너무 작다.
(are, small, too, these pants, wear, to)

→ ______________________
____

(3) Ben은 말할 사람을 찾고 싶어한다.
(somebody, talk, Ben, to, finding, feels like, to)

→ ______________________
____

02 어법상 틀린 곳을 찾아 바르게 고쳐 쓰시오.

(1) I finally got this book. But sadly, the book was very boring read.

__________ → __________

(2) It was careless for her to leave her phone on the bus.

__________ → __________

(3) My father promised stop smoking. He also began exercising regularly.

__________ → __________

03 다음 대화를 읽고, 괄호 안에 주어진 말을 활용하여 밑줄 친 우리말을 영작하시오.

A (1) 무엇이 문제인 것 같으세요? (seem, the problem)
B I have a stomachache.
A (2) 당신은 언제 그렇게 느끼기 시작했나요? (feel, start)
B I think it was a few hours ago.
A Okay. Let me check your stomach.

(1) What ________ ________
________ ________ ________?

(2) ________ ________ ________
________ ________ ________
that way?

04 우리말과 일치하도록 괄호 안에 주어진 말을 활용하여 문장을 완성하시오.

(1) 나는 그녀가 우는 것을 막기 위해 내 동생에게 사탕을 좀 주었다.

→ I gave my sister some candy ________
______________________.
(cry, from, stop)

(2) 너는 이 컴퓨터를 어떻게 켜는지 아니?

→ Do you know ______________________
______________________? (turn on, to)

(3) Andy의 파티를 위해 그 케이크를 주문할 것을 잊지 마.

→ ______________________
for Andy's party. (cake, order)

05 우리말과 일치하도록 〈보기〉에서 필요한 단어만 골라 문장을 완성하시오. (필요 시 단어를 추가할 것)

보기			
fly	visit	dangerous	interesting

(1) 저곳은 그녀가 혼자 방문하기에 너무 위험하다.
→ That place is ________________
________________ alone.

(2) 그는 드론을 날리는 것이 재미있다는 것을 알게 됐다.
→ He found ________________
drones.

06 글의 내용과 일치하도록 괄호 안에 주어진 말을 사용하여 빈칸에 알맞은 말을 쓰시오.

(1) It was very windy yesterday. The wind broke some tree branches. I had to stay inside.

→ The wind ________ ________
________ ________ ________
some tree branches. (enough, strong)

(2) I went to watch a musical last week. The musical had so many characters, and its story had too many parts. I could not understand it.

→ The musical was so ________
________ ________ ________
understand it. (confusing)

07 다음 우리말을 〈조건〉에 맞게 영작하시오.

(1) 에너지 사용을 줄이는 것은 중요하다.

조건
- energy use, reduce, it을 포함할 것
- 7단어의 완전한 문장으로 쓸 것

→ ________________________________
____

(2) 우리가 미래를 예측하는 것은 쉽지 않다.

조건
- 'It ~ to ...' 구문을 사용할 것
- the future, predict를 포함할 것
- 10단어의 완전한 문장으로 쓸 것

→ ________________________________
____

08 다음 문장과 의미가 통하도록 문장을 바꿔 쓰시오.

(1) The policy seemed to influence artists.

→ ________ ________ ________
the policy ________ artists.

(2) The sofa is comfortable enough for me to sleep on.

→ The sofa is ________ ________
________ ________ ________
sleep on it.

(3) The invitation card will tell you when to arrive.

→ The invitation card will tell you
________ ________ ________
________.

01
02
>>> START
FINISH
10
09
08

CHAPTER 05

분사

Unit 01 분사

1 분사의 종류

- 분사에는 능동·진행의 의미인 현재분사(v-ing)와 수동·완료의 의미인 과거분사(v-ed)가 있다.

That **smiling** baby is adorable! 능동·진행 — 저 미소 짓는 아기는 사랑스럽다!

Mom eats **dried** fruit as a snack. 수동·완료 — 엄마는 간식으로 말린 과일을 드신다.

2 분사의 역할

- 형용사처럼 (대)명사를 수식할 수 있다.

I saw a **talking** robot at the science fair. — 나는 과학 박람회에서 말하는 로봇을 보았다.

I wore clothes **designed by my sister.** — 나는 나의 언니에 의해 디자인된 옷을 입었다.

수식어(구)와 함께 쓰여 길어지면 명사를 뒤에서 수식

- 주어나 목적어의 상태를 서술하는 주격보어나 목적격보어로 쓸 수 있다.

The bear stood **catching fish in the river.** — 그 곰은 강에서 물고기를 잡으며 서 있었다.

Phoebe had her hair **cut and permed.** — Phoebe는 그녀의 머리를 자르고 파마했다.

3 감정을 나타내는 분사

- 분사가 수식·서술하는 대상이 감정을 일으킬 때는 현재분사를, 감정을 느낄 때는 과거분사를 쓴다.

This **exciting** movie attracts many people. — 이 신나는 영화는 많은 사람들을 끌어 모은다.

John is **excited** about the new animated film. — John은 그 새 만화 영화에 신이 난다.

amazing (놀라운) – amazed (놀란)	touching (감동적인) – touched (감동한)
boring (지루하게 하는) – bored (지루한)	surprising (놀라게 하는) – surprised (놀란)
satisfying (만족을 주는) – satisfied (만족한)	amusing (재미를 주는) – amused (재미를 느낀)
shocking (충격을 주는) – shocked (충격 받은)	disappointing (실망을 주는) – disappointed (실망한)
annoying (짜증나게 하는) – annoyed (짜증이 난)	embarrassing (당황하게 하는) – embarrassed (당황한)

출제 포인트

1 수식·서술하는 대상과 분사가 능동 관계이면 현재분사를, 수동 관계이면 과거분사를 쓴다.

Mona saw **her dog *running*.** (능동 관계 – 그녀의 개가 뛰는 것)

Mona had **her dog *washed*.** (수동 관계 – 그녀의 개가 씻겨지는 것)

2 분사가 명사를 뒤에서 수식할 때, 주어·동사의 수 일치에 유의한다.

The boys walking on the street **is** (→ **are**) my classmates.

문장으로 CHECK UP

>> Answer p.10

A 단어 배열하기

1 나의 남동생은 설명서가 헷갈린다고 말했다. (the directions, said, my brother, confusing, were)

2 나는 그 부상당한 사람들을 보고 충격받았다. (injured, see, shocked, to, people, I, the, was)

3 그들은 그 불타는 건물에 물을 뿌렸다. (water, burning, they, the, on, sprayed, building)

4 나는 나의 조부모님에 의해 지어진 집을 방문했다. (visited, my grandparents, I, built, the house, by)

5 한 연구팀은 돌고래들이 휘파람 소리를 내고 있는 것을 들었다.
(dolphins, a research team, whistling, heard)

6 무대 위에서 춤을 추는 두 사람은 우아해 보인다.
(look, on, the two people, graceful, dancing, the stage)

B 빈칸 채우기

1 Joey는 일 년에 두 번씩 그의 치아를 점검받는다. (check, tooth)

Joey has ______ ______ ______ twice a year.

2 그 이야기는 감동적이었지만, 나는 그것이 지루했다. (bore, touch)

The story ______ ______, but I ______ ______ with it.

3 그 놀란 소년은 발을 헛디뎠고 넘어졌다. (trip, amaze)

______ ______ ______ ______ and fell down.

4 우리는 비행기 한 대가 그 산 위로 날아가고 있는 것을 보았다. (fly over)

We saw an airplane ______ ______ ______ ______.

5 그 여자는 전화로 소식을 들으며 앉았다. (listen to)

______ ______ ______ ______ ______ the news on the phone.

C

문장 완성하기

1 너는 그의 망가진 장난감을 고칠 수 있니? (break, fix)

Can you ______________________________ ?

2 오늘 배달된 그 드레스는 나를 실망하게 했다. (deliver, disappoint)

______________________________ today made ______________________________ .

3 이 책장에 보관된 그 책들은 나의 것이다. (shelf, keep, on)

______________________________ are mine.

4 Emily는 그 창피한 상황을 잊고 싶었다. (want, situation, embarrass)

____

5 나는 과학자들이 로켓을 발사하고 있는 것을 보았다. (launch a rocket, watch)

____

D

틀린 부분 고쳐 쓰기

1 그 타버린 토스트를 버려라.

Throw away the burning toast.

→ ______________________________

2 그 새들은 함께 노래하면서 그 나무에 앉았다.

The birds sat in the tree sing together.

→ ______________________________

3 저 코미디언에 의해 진행되는 TV 프로그램은 흥미롭다.

The TV show hosting by that comedian is interested.

→ ______________________________

4 그녀의 부모님은 그녀의 새로운 머리 모양에 놀랐다.

Her parents were surprise at her new hairstyle.

→ ______________________________

5 배우들과 악수를 하고 있는 소년은 나의 형이다.

The boy shook hands with the actors are my brother.

→ ______________________________

서술형으로 STEP UP

>> Answer p.10

빈출 유형 문장 완성하기

예제 우리말과 일치하도록 괄호 안에 주어진 말을 활용하여 문장을 완성하시오.

(1) ❶체스를 하고 있는 ❷그 소녀는 내 친구 Lana야. (play chess)

→ ______________________ is my friend Lana.

(2) 그는 무대에서 ❸사람들을 즐겁게 해주었다. (amuse, ❸keep)

→ ______________________ on stage.

TIP 분사가 수식·서술하는 대상과 분사와의 관계를 파악하여 능동 관계이면 현재분사를, 수동 관계이면 과거분사를 쓰자!

★ 서술형 문제 풀이 과정

❶ '체스를 하고 있는'이 핵심 주어인 '그 소녀'를 수식하는 구조로 영작

❷ 핵심 주어(the girl)과 분사가 능동·진행 관계이므로 현재분사

❸ 우리말과 동사 keep으로 보아 5형식 문장이며, 분사가 서술하는 목적어(people)이 감정을 느끼므로 과거분사

1 우리말과 일치하도록 괄호 안에 주어진 말을 활용하여 문장을 완성하시오.

(1) 그 왕은 그 잃어버린 공주를 찾으려고 노력했다. (lose, find)

→ The king tried to ______________________.

(2) 너는 우리에게 손을 흔드는 저 소녀를 아니? (wave at)

→ Do you know ______________________?

(3) 나는 제인 오스틴에 의해 쓰인 소설을 읽고 있다. (a novel)

→ ______________________ by Jane Austen.

2 다음 글을 읽고, 괄호 안에 주어진 말을 활용하여 밑줄 친 우리말을 영작하시오.

The other day, I was waiting for my friend Toby. (1) <u>나는 한 남자가 내 쪽으로 걸어오고 있는 것을 봤다.</u> (towards) I thought it was Toby, so I called his name. However, the man looked at me in a strange way, and walked past me. (2) <u>나는 창피했다.</u> (embarrass) It was not Toby!

(1) I saw ______________________.

(2) ______________________

Unit
02 분사구문

1 분사구문

- 부사절과 주절의 주어 및 시제가 같을 때, 부사절의 접속사와 주어를 생략하고 동사를 현재분사로 바꿔 줄여 쓸 수 있는데, 이를 분사구문이라고 한다.

부사절	주절
~~As~~ ~~I~~ *parked* my car, (접속사 주어 동사)	***I hit*** the car behind me.
→ Parking my car, (분사구문)	I hit the car behind me.

내 차를 주차하다가, 나는 뒤에 있는 차와 부딪쳤다.

2 분사구문의 의미

- 시간(when/while/as/after 등), 이유(because/as/since 등), 조건(if) 등을 나타낸다.

Reaching the mountain top, Sue enjoyed the scenery. 시간 — 산 정상에 올라, Sue는 경치를 감상했다.

Not using the radio, I gave it to Sarah. 이유 — 라디오를 사용하지 않아서, 나는 그것을 Sarah에게 주었다.
(분사구문의 부정: not+분사)

Visiting the site, you can download class materials. 조건 — 그 사이트에 방문하면, 당신은 수업 자료를 내려받을 수 있다.

3 주의해야 할 분사구문

- 수동형 분사구문에서 주로 being은 생략하고 과거분사만 쓴다.

(Being) Unemployed, Monica is looking for a job. — 실직되어, Monica는 일자리를 구하고 있다.

- '~가 …한/된 채로'라는 의미로, 주로 동시상황을 나타낼 때 〈with+(대)명사+분사〉를 쓸 수 있다. (대)명사와 분사가 능동의 관계이면 현재분사를, 수동의 관계이면 과거분사를 쓴다.

You shouldn't leave home **with the kettle boiling.** — 너는 주전자가 끓는 채로 집을 떠나면 안 된다.

- 부사절과 주절의 주어가 다를 때, 분사구문에 주어를 남겨둔다.

The air being dusty, ***I*** stayed home. — 공기가 먼지투성이라서, 나는 집에 머물렀다.

출제 포인트

분사구문과 주절의 주어가 같을 때, 분사구문의 분사의 형태는 주절의 주어와의 관계로 판단한다. 주어와 능동 관계이면 현재분사를, 수동 관계이면 과거분사를 쓴다.

Walking in the rain, ***Ian*** saw his friend. (능동 관계 – 'Ian'이 걷는 것)

Written in old English, ***the book*** is hard to read. (수동 관계 – '그 책'이 쓰여진 것)

문장으로 CHECK UP

>> Answer p.10

A 단어 배열하기

1 초인종 소리를 들으면, 나의 개는 항상 짖는다. (the doorbell, always, my dog, hearing, barks)

2 Sam은 다리를 꼰 채 그의 친구를 기다렸다. (his legs, waited for, Sam, with, crossed, his friend)

3 두 동강이 나서, 그 조각품은 가치가 없었다. (the sculpture, broken, worthless, in half, was)

4 반대가 있어서, 그 회의는 끝나지 않았다. (an objection, didn't, being, the meeting, end, there)

5 나의 부모님 근처에 살지 않아서, 나는 그들을 자주 볼 수 없다.
(can't see, living, not, near, them, my parents, often, I)

B 빈칸 채우기

1 자정이기 때문에, 모두 자고 있다. (midnight)

_______ _______ _______, everyone is in bed.

2 너는 그 TV가 켜진 채로 공부하면 안 된다. (turn on)

You shouldn't study _______ _______ _______ _______ _______.

3 의사에 의해 만들어져서, 그 건강 관리 앱은 유용하다. (create)

_______ _______ _______ _______, the healthcare app is useful.

4 시간에 맞춰 도착하지 못했기 때문에, 그녀는 그에게 사과해야 했다. (in time, arrive)

_______ _______ _______ _______, she had to apologize to him.

5 그 전화를 끊고 난 후, 그는 저녁 식사를 위해 외출했다. (hang up)

_______ _______ _______ _______, he went out for dinner.

6 그 비가 쏟아지는 동안, 나의 빨래가 젖었다. (pour, laundry)

_______ _______ _______, _______ _______ got wet.

C **분사구문 완성하기**

1 그들은 나의 이름을 부르면서 숲 사이로 뛰었다. (call)

They ran through the forest ______________________ .

2 그녀의 생김새를 알지 못해서, 나는 그녀를 찾을 수 없었다. (appearance)

______________________, I wasn't able to find her.

3 진이 빠져서, 그는 1분도 채 안 되어서 잠들었다. (fall asleep, exhaust)

______________________ in less than a minute.

4 Ross는 그의 눈을 감은 채로 첼로를 연주했다. (the cello, close, with)

____

5 가게에서 쇼핑하다가, 그들은 그들의 이웃을 보았다. (the store, neighbor, see, at)

____

D **틀린 부분 고쳐 쓰기**

1 날씨가 좋아서, 우리는 소풍을 갔다.

Being fine, we went for a picnic.

→ ______________________

2 모든 것들이 고려되었을 때, 그 파티는 성공이었다.

All things consider, the party was a success.

→ ______________________

3 어떤 실수도 하지 않아서, 나는 내 자신이 자랑스러웠다.

Don't making any mistakes, I felt proud of myself.

→ ______________________

4 그녀는 고양이가 그녀의 무릎 위에서 잠든 채로 뜨개질을 했다.

She knitted with the cat sleep on her lap.

→ ______________________

5 그의 컴퓨터를 끄고 나서, 그는 스트레칭하기 시작했다.

Turned off his computer, he started to stretch his body.

→ ______________________

서술형으로 STEP UP

>> Answer p.10

빈출 유형 문장 바꿔 쓰기

예제 다음 각 문장을 ❶분사구문을 포함한 문장으로 바꿔 쓰시오.

(1) ❶While we walked in the park, we drank coffee.

→ ______________________

(2) ❶Because he ❷didn't have a pen, he couldn't take notes.

→ ______________________

TIP 부사절과 주절의 주어가 같은지, 부사절에 수동태나 부정어가 포함되어 있는지를 확인한 후 분사구문으로 전환하자!

★ 서술형 문제 풀이 과정

❶ 분사구문을 만드는 방법
: 부사절과 주절의 주어 및 시제가 같을 때, 접속사와 주어를 생략하고, 동사를 현재분사로 바꿔 쓰기

❷ 분사구문의 부정: 〈not+분사〉

1 다음 각 문장을 분사구문을 포함한 문장으로 바꿔 쓰시오.

(1) Jonathan jogged along the river and his dog ran beside him.

→ Jonathan jogged along the river with ________ ________ ________ ________ ________.

(2) Because I don't drive a car, I can't get around easily.

→ ________ ________ ________ ________, I can't get around easily.

(3) As the players were surprised at the results, they started yelling.

→ ________ ________ ________ ________, the players started yelling.

(4) Since her hair is short, people sometimes mistake her for a boy.

→ ________ ________ ________ ________, ________ sometimes mistake her for a boy.

2 다음 대화를 읽고, 밑줄 친 부분을 분사구문으로 바꿔 쓰시오.

A Ted, did you see the volunteer club announcement?

B Yes. (1) As I walked down the hallway, I saw the poster.

A Let's sign up. (2) If we join this club, we can do many meaningful activities.

B That sounds nice. It'll be awesome!

(1) ______________________, I saw the poster.

(2) ______________________, we can do many meaningful activities.

기출문제로 WRAP UP

01 우리말과 일치하도록 괄호 안에 주어진 말을 바르게 배열하시오.

(1) Amy는 그 소리가 매우 짜증난다고 생각했다.
(found, annoying, Amy, very, the sound)
→ ____________________

(2) 이 비 오는 날씨는 나를 우울하게 한다.
(depressed, weather, me, this, makes, rainy)
→ ____________________

02 다음 각 문장을 분사구문을 포함한 문장으로 바꿔 쓰시오.

(1) After he finished cooking, he washed his hands.
→ ____________________, he washed his hands.

(2) Since Shawn didn't have any plans, he stayed home.
→ ____________________, Shawn stayed home.

(3) When the brownies are served with ice cream, they make a delicious dessert.
→ ____________________, the brownies make a delicious dessert.

03 각 문장의 밑줄 친 부분을 어법에 맞게 고쳐 쓰시오.

(1) This <u>touch</u> film made everyone cry.
→ ____________

(2) The team was <u>disappoint</u> by the results of the game.
→ ____________

04 다음 〈보기〉와 같이 주어진 문장을 바꿔 쓰시오.

> 보기
> While she was walking, the music was playing.
> → She was walking <u>with the music playing</u>.

While I was lying on the beach, my legs were covered in sand.
→ I was lying on the beach ________ ________ ________ ________ in sand.

05 우리말과 일치하도록 괄호 안에 주어진 말을 활용하여 빈칸에 알맞은 말을 쓰시오.

(1) 그 완성된 제품은 놀라워 보인다. (product, finish, amaze)
→ ________ ________ ________ looks ________.

(2) 그는 그의 새 직장에 만족한다. (with, satisfy)
→ ________ ________ ________ ________ his new job.

06 다음 인터뷰를 읽고, 괄호 안에 주어진 말을 활용하여 밑줄 친 우리말을 영작하시오.

> **A** Edward, how are you feeling today?
> **B** I'm very thankful. <u>팬들이 저를 응원하는 채로 축구를 한다는 것은 멋져요.</u> (with, cheer for)
> **A** That's great. I hope you do well today!

→ It's great to play soccer ____________________.

>> Answer p.10

07 우리말과 일치하도록 괄호 안에 주어진 말을 활용하여, 분사구문을 포함한 문장을 완성하시오.

(1) 나의 오빠와 함께 춤을 추면서, 그 여자는 미소 짓고 있었다. (dance)
→ __________ __________ __________
__________, the woman was smiling.

(2) 무엇을 해야 할지 몰라서, 그들은 911에 전화를 했다. (to, what, know)
→ __________ __________ __________
__________ __________, they called 911.

(3) 그 비가 그치자, 무지개가 하늘에 나타났다. (appear, a rainbow)
→ The rain __________, __________
__________ __________ in the sky.

08 다음 우리말을 〈조건〉에 맞게 영작하시오.

(1) 그 경기를 이기면, 너는 올해의 MVP가 될 것이다.

조건
- 분사구문을 포함할 것
- be, win, game을 활용할 것
- 6단어를 추가하여 문장을 완성할 것

→ ______________________________
the MVP of the year.

(2) 나는 물이 흐르는 채로 감자 하나를 깎았다.

조건
- peel, run, the water를 활용할 것
- 8단어의 완전한 문장으로 쓸 것

→ ______________________________
____

09 다음 두 문장을 분사를 사용하여 한 문장으로 바꿔 쓰시오.

(1) The bus was taking us to City Hall. It suddenly stopped.

→ The bus ______________________
suddenly stopped.

(2) The fence was damaged in the flood. It hasn't been repaired.

→ The fence ______________________
hasn't been repaired.

(3) My friend sent me a basket. It contained fresh fruit.

→ My friend sent me a basket __________
______________________.

(4) There was a big company in my town. It employed 400 people.

→ There was ______________________
______________________ in my town.

10 어법상 틀린 곳을 찾아 바르게 고쳐 쓰시오.

(1) The police towed the car parking on the sidewalk.
__________ → __________

(2) Been late for work, he didn't eat breakfast.
__________ → __________

(3) Leaving alone in the room, the baby started crying.
__________ → __________

01
02
>>> START
FINISH
10
09
08

03

04

05

CHAPTER 06

비교

06

07

Unit 01 비교 구문

Unit 02 여러 가지 비교 표현

Unit 01

비교 구문

1 원급

● '…만큼 ~한/하게': 〈as+형용사/부사의 원급+as〉

The tree is	as large as	a house.	그 나무는 집 한 채만큼 크다.
I use emoticons	as much as	Jenny (does).	나는 이모티콘을 Jenny만큼 많이 쓴다.
The film is not	as[so] popular as	the book.	그 영화는 그 책만큼 인기 있지 않다.

2 비교급

● '…보다 더 ~한/하게': 〈형용사/부사의 비교급+than〉

비교급 강조 (much, a lot, far)

He looks a lot	younger than	his age.	그는 나이보다 훨씬 어려 보인다.
The news spread	more quickly than	I expected.	그 소식은 내가 예상했던 것보다 더 빠르게 퍼졌다.
This couch is	less comfortable than	that one.	이 소파는 저것보다 덜 편안하다.

cf. than 대신 to를 쓰는 비교 표현

I **prefer** coffee **to** tea. (prefer A to B: B보다 A를 선호하다)

3 최상급

● '가장 ~한/하게': 〈the+형용사/부사의 최상급〉

Mr. Choi is	the oldest (member)	in the club.	최 씨가 그 동호회에서 가장 나이가 많(은 회원이)다.
Sam is	the most talkative	of my friends.	Sam은 내 친구들 중 가장 말이 많다.
She works	(the) hardest	in this company.	그녀는 이 회사에서 가장 열심히 일한다.

(the) hardest: 부사의 최상급 앞에서 the는 생략 가능

of/in+비교 대상, 장소, 범위

오답 노트

일반적으로 원급 뒤에 -(e)r/-(e)st를 붙여 비교급과 최상급을 만드나, -ful/-ous/-ive/-less 등으로 끝나는 2음절 단어와 3음절 이상의 단어는 앞에 more/most를 쓴다.

She is **the** ~~**popularest**~~ (→ **most popular**) girl in my class.

문장으로 CHECK UP

>> Answer p.11

A 단어 배열하기

1 서울은 한국에서 가장 크고 바쁜 도시이다. (city, Seoul, largest, busiest, and, the, is)

______ in Korea.

2 내 드레스는 그녀 것보다 훨씬 더 아름다워 보인다.
(looks, hers, beautiful, much, my dress, than, more)

3 나의 할머니께서는 예전만큼 요리를 잘 하지 못하신다.
(as, my grandmother, well, can't, used to, cook, as, she)

4 Hermione는 그 셋 중에서 가장 지적인 학생이다.
(student, the three, is, most, Hermione, the, intelligent, of)

5 온라인상에서 사는 것이 가게에서 사는 것보다 덜 비싸다.
(expensive, from, online, is, buying, less, stores, than, buying)

B 빈칸 채우기

1 10월은 1월만큼 춥지 않다. (cold, so)

October is ______ January.

2 이 기계가 공장에서 가장 많은 에너지를 사용한다. (energy, use)

This machine ______ in the factory.

3 Jim은 그의 아버지만큼 예의 바르게 행동한다. (polite)

Jim behaves ______.

4 그 밴드에서 가장 재능 있는 사람은 누구니? (person, talented)

______ in the band?

5 저 운동선수는 James보다 훨씬 힘이 세다. (much)

That athlete ______.

C
문장 완성하기

1 이 사람이 세상에서 가장 오래 살았다. (long, live, world)

This person ______________________ .

2 그는 대중교통을 타는 것보다 운전하는 것을 선호한다. (prefer)

______________________ taking public transportation.

3 Donna는 나의 친구 중 가장 믿을 만한 친구이다. (reliable)

______________________ of mine.

4 나의 문제는 내가 상상했던 것보다 훨씬 더 심각하다. (imagine, serious)

My problem is ______________________ .

5 그녀는 Shakespeare만큼 많은 희곡들을 썼다. (play, many)

____

D
틀린 부분 고쳐 쓰기

1 이 소파는 내가 생각했던 것보다 훨씬 더 푹신하다.

This sofa is very softer than I thought.

→ ______________________

2 그 기차는 그 버스만큼 편안하지 않다.

The train is as not comfortable as the bus.

→ ______________________

3 우리는 그 영화에서 가장 기억할 만한 장면을 꼽았다.

We picked a memorable scene from the film.

→ ______________________

4 그는 그의 팀 동료들보다 수영을 더 잘할 수 있었다.

He could swim more well than his teammates.

→ ______________________

5 나는 친구들과 공부하는 것보다 혼자 공부하는 것을 선호한다.

I prefer studying with friends than studying alone.

→ ______________________

서술형으로 STEP UP

>> Answer p.11

빈출 유형 조건에 맞게 영작하기

예제 다음 우리말을 〈조건〉에 맞게 영작하시오.

(1) 그는 ❶나의 할아버지만큼 느리게 걷는다. (slowly)

(2) 나의 개는 나의 고양이❷보다 더 활동적이다. (active)

조건
- 괄호 안에 주어진 말을 사용할 것
- ❸(1)은 7단어, (2)는 8단어의 완전한 문장으로 쓸 것

(1) ______________________

(2) ______________________

TIP 모든 조건을 충족했는지 답을 쓴 뒤 한 번 더 확인하자!

★ 서술형 문제 풀이 과정

❶ '…만큼 ~하게': 〈as+부사의 원급+as〉

❷ '…보다 더 ~한': 〈형용사의 비교급+than〉

❸ 주어진 말로 영작한 뒤 단어 수를 세어보기

1 다음 우리말을 〈조건〉에 맞게 영작하시오.

(1) 우리는 유럽에서 가장 작은 나라를 방문했다.

조건
- 최상급 표현을 사용할 것
- country, visit, small을 활용할 것
- 5단어를 추가하여 문장을 완성할 것

→ ______________________ in Europe.

(2) 그 책은 우리가 생각했던 것보다 훨씬 더 재미있었다.

조건
- interesting, far를 사용할 것
- 7단어를 추가하여 문장을 완성할 것

→ ______________________

______________ we thought.

2 다음 대화를 읽고, 밑줄 친 우리말을 〈조건〉에 맞게 영작하시오.

A Hi, Jeffrey. How was the concert last night?

B <u>그것은 내가 기대했던 것보다 더 나았어.</u>

A Really? Was it worth the ticket price?

B Absolutely!

조건
- expect, good을 활용할 것
- 6단어의 완전한 문장으로 쓸 것

→ ______________________

Unit 02
여러 가지 비교 표현

1 원급과 비교급을 사용한 표현

- '가능한 한 ~한/하게': 〈as+원급+as possible〉 또는 〈as+원급+as+주어+can[could]〉

The sentences should be **as simple as possible.** 그 문장들은 가능한 한 단순해야 한다.
→ as simple as they can

- '…의 몇 배로 ~한/하게': 〈배수사+as+원급+as〉 또는 〈배수사+비교급+than〉
twice, half는 이 형태로 쓸 수 없음

The baby giraffe is **four times as tall as** the dog. 그 아기 기린은 그 개의 네 배만큼 키가 크다.
→ four times taller than

- '점점 더 ~한/하게': 〈비교급+and+비교급〉
비교급이 〈more+원급〉인 경우는 〈more and more+원급〉

My writing is becoming **better and better.** 내 작문 실력은 점점 더 좋아지고 있다.

- '~할수록 더 …하다': 〈the+비교급 ~, the+비교급 ...〉

The more I study physics, **the more difficult** it is. 내가 물리학을 공부할수록 그것은 더 어렵다.

2 최상급 의미를 나타내는 표현

- '가장 ~한 것 중 하나': 〈one of the+최상급+복수명사〉

Shanghai is **one of the busiest cities** in Asia. 상하이는 아시아에서 가장 바쁜 도시 중 하나다.

- '가장 ~한'이라는 최상급 의미를 원급·비교급을 써서 나타낼 수 있다.

Gary is **the laziest person** in my family.

→ Gary is **lazier than any other person** in my family. Gary는 우리 가족의 다른 어떤 사람보다 게으르다.
비교급+than any other+단수명사

→ **No (other) person** in my family is **as lazy as** / **lazier than** Gary. 우리 가족 중 (다른) 어떤 사람도 Gary만큼[보다] 게으르지 않다.
no+명사: 부정 주어
as[so]+원급+as / 비교급+than

출제 포인트
'one of the+최상급' 뒤에는 복수명사를, '비교급+than any other' 뒤에는 단수명사를 쓴다.
Lotte World Tower is **one of the tallest *buildings*** in the world.
Lotte World Tower is **taller than any other *building*** in Korea.

문장으로 CHECK UP

>> Answer p.11

A 단어 배열하기

1 나는 더 먹을수록 더 기분 나쁘게 느꼈다. (more, ate, I, the, worse, felt, the, I)

2 그는 가능한 한 빠르게 그의 일을 마쳤다. (his work, quickly, possible, he, as, finished, as)

3 여름에 날들은 점점 더 더워진다. (in summer, get, hotter, the days, hotter, and)

4 그것은 한국에서 가장 높은 산 중 하나이다. (one, in, of, it, mountains, Korea, the tallest, is)

5 그 글씨들을 이것보다 세 배 진하게 만들어라. (the letters, than, darker, three times, this, make)

6 이 호박은 그 농장의 다른 어떤 농작물보다 무겁다.
(any, on the farm, this pumpkin, than, is, crop, other, heavier)

B 빈칸 채우기

1 다른 어떤 동물도 치타만큼 빠르지 않다. (other, fast)

_____ _____ _____ is _____ _____ _____ a cheetah.

2 우리가 다투는 동안 나는 점점 더 속이 상했다. (upset, get)

I _____ _____ _____ _____ _____ as we argued.

3 우리는 이야기를 더 할수록 더 많이 웃었다. (talk)

_____ _____ _____ _____, _____ _____ _____ laughed.

4 그녀는 그 나라에서 가장 똑똑한 사람 중 한 명이다. (people, smart)

She is _____ _____ _____ _____ _____ in the country.

5 보름달은 반달의 두 배만큼 커 보인다. (big, look)

A full moon _____ _____ _____ _____ _____ a half moon.

C 문장 완성하기

1 나는 가능한 한 도움이 되고 싶다. (helpful)

I want to ______________________.

2 내가 더 오래 기다릴수록, 내 커피는 더 식어갔다. (cold, become)

The longer I waited, ______________________.

3 일본에 있는 다른 어떤 도시도 도쿄보다 유명하지 않다. (famous, other)

No ______________________ than Tokyo.

4 별들이 점점 더 밝게 빛났다. (shine, bright)

5 스키 점프는 가장 위험한 스포츠 중 하나이다. (dangerous, ski jumping)

D 틀린 부분 고쳐 쓰기

1 그 면접이 시작되자, 그는 점점 더 긴장되었다.

As the interview began, he got more nervous and nervous.

→

2 우리는 교실을 가능한 한 깨끗하게 했다.

We made the classroom as clean as could.

→

3 새롭게 개발된 천은 이전 것의 여섯 배만큼 얇다.

The newly developed cloth is six times thinner as the last one.

→

4 이것은 세상에서 가장 비싼 차 중 하나이다.

This is one of the expensive car in the world.

→

5 Hapuna 해변은 하와이의 다른 어떤 해변보다 더 아름답다.

Hapuna Beach is more beautiful than beaches in Hawaii.

→

서술형으로 STEP UP

>> Answer p.12

빈출 유형 빈칸 영작하기

예제 우리말과 일치하도록 괄호 안에 주어진 말을 활용하여 빈칸에 알맞은 말을 쓰시오.

(1) 네가 ❶더 많이 경험할수록, 너는 더 현명해진다. (wise, experience, become)

→ ________ ________ ________ ________, ________ ________ ________ ________.

(2) 그녀는 ❷가능한 한 늦게까지 깨어있었다. (late, stay up)

→ ________ ________ ________ ________ ________ ________ ________.

TIP 여러 가지 비교 표현의 의미와 구조를 숙지하고 빈칸 수에 맞는 표현을 사용하자!

★ 서술형 문제 풀이 과정

❶ '~할수록 더 …하다'
: 〈the+비교급 ~, the+비교급 ...〉

❷ '가능한 한 ~한/하게': 〈as+원급+as possible〉
또는 〈as+원급+as+주어+can[could]〉

1 우리말과 일치하도록 괄호 안에 주어진 말을 활용하여 빈칸에 알맞은 말을 쓰시오.

(1) 어떤 것도 시간보다 귀중하지 않다. (valuable)

→ Nothing is ________ ________ ________ ________.

(2) 그 나라에서 다른 어떤 사람도 걸리버만큼 크지 않다. (big)

→ No other person in the country ________ ________ ________ ________ Gulliver.

(3) 태평양은 세상의 다른 어떤 바다보다 깊다. (ocean, deep)

→ The Pacific is ________ ________ ________ ________ ________ in the world.

2 우리말과 일치하도록 괄호 안에 주어진 말을 활용하여 문장을 완성하시오.

(1) 그가 이야기하는 동안 그의 목소리는 점점 더 커졌다. (get, loud / 4단어)

→ His voice ________________ ________________ as he spoke.

(2) 저것은 이 동네에서 가장 오래된 집 중 하나이다. (house / 5단어)

→ That is ________________ ________________ in this town.

(3) 그 화면이 넓을수록, 나는 더 잘 볼 수 있다. (see, well / 5단어)

→ The wider the screen is, ________________ ________________.

기출문제로 WRAP UP

01 우리말과 일치하도록 괄호 안에 주어진 말을 바르게 배열하시오.

(1) 늪지대는 사막의 두 배만큼 습하다. (are, swamps, humid, as, deserts, as, twice)

→ ______________________________

____

(2) 우리는 그 책에 닿기 위해 가장 키 큰 사람이 필요하다. (tallest, need, the book, we, to, the, reach, person)

→ ______________________________

____

(3) 그녀는 그 대회에서 가장 창의적인 답을 제시했다. (suggested, answer, in, most, the, creative, the contest)

→ She ______________________________

______________________________.

02 다음 글을 읽고, 글 속의 'I'가 할 말을 〈조건〉에 맞게 영작하시오.

> I did a 50 m sprint during PE class today. My time was 7.83 seconds. It was the fastest time in my class. My classmates called me "Quickie."

조건
- '나는 우리 반의 다른 어떤 학생보다 더 빠르게 달린다'라는 우리말과 일치하게 쓸 것
- student, run, fast를 활용할 것
- 7단어를 추가하여 문장을 완성할 것

→ ______________________________ in my class.

03 우리말과 일치하도록 괄호 안에 주어진 말을 활용하여 문장을 완성하시오.

(1) 네가 여행을 더 할수록, 너는 세상을 더 보게 된다. (see, much, travel)

→ ______________________________ of the world.

(2) 당신은 가능한 한 조용하게 말해야 합니다. (can, quiet)

→ You must speak ________________.

04 다음 서울의 일출 시간표를 보고, 괄호 안에 주어진 말을 활용하여 빈칸에 알맞은 말을 쓰시오. (원급 또는 비교급을 사용할 것)

〈Sunrise Times in Seoul〉

Date	Feb 1	Feb 8	Feb 15	Feb 22
Time	07:35	07:30	07:25	07:19

(1) Sunrise is getting ________ ________ ________ as time goes by. (early)

(2) Sunrise on February 22 is not ________ ________ ________ on February 1. (late)

05 우리말과 일치하도록 괄호 안에 주어진 말을 사용하여 영작하시오.

(1) Mike는 그의 형만큼 사교적이다. (sociable)

→ ______________________________

____

(2) Lucy는 그 셋 중 가장 배려심 있는 아이이다. (child, thoughtful)

→ ______________________________

____

06 어법상 틀린 곳을 찾아 바르게 고쳐 쓰시오.

(1) The harder the challenge is, the great the reward is.

_______________ → _______________

(2) It was one of the most impressive painting in the museum.

_______________ → _______________

(3) Mr. Park is funnier than any other comedians.

_______________ → _______________

[07~08] 다음 우리말을 〈조건〉에 맞게 영작하시오.

07

다른 어떤 등장인물도 아이언맨만큼 강하지 않다.

조건
- character, other, strong을 사용할 것
- 7단어를 추가하여 문장을 완성할 것

→ ______________________________
__________________________ Iron Man.

08

너는 그 공을 가능한 한 정확하게 쳐야 한다.

조건
- 비교 구문을 사용할 것
- hit, must, accurately를 사용할 것
- 9단어의 완전한 문장으로 쓸 것

→ ______________________________
____

09 다음 문장과 의미가 통하도록 문장을 바꿔 쓰시오.

(1) Your bike is three times as expensive as mine.

→ Your bike is __________ __________ __________ __________ __________ mine.

(2) I'll buy the tickets as soon as possible.

→ I'll buy the tickets __________ __________ __________ __________ __________.

(3) Cheesecake is the most delicious dessert at this restaurant.

→ Cheesecake is __________ __________ __________ __________ other dessert at this restaurant.

(4) As the price got lower, people became more satisfied.

→ __________ __________ the price got, __________ __________ __________ people became.

10 다음 대화를 읽고, 괄호 안에 주어진 말을 사용하여 비교하는 문장을 완성하시오. (긍정문으로 쓸 것)

A Hey, you forgot your helmet.
B But I'm wearing a cap.
A No, you have to wear a helmet when you ride a bike. A cap is ____________ ________________. (safe, a helmet)
B Okay, I'll get my helmet.

01
02
>>> START
FINISH
10
09
08

03

04

05

06

CHAPTER 07

접속사

07

부사절을 이끄는 접속사

1 부사절을 이끄는 접속사

- 부사절은 주절의 앞뒤에 올 수 있는데, 부사절이 앞에 오는 경우 부사절 끝에 쉼표(,)를 써준다.

부사절(접속사+주어+동사 ~)		주절(주어+동사 ~)	
While	you were out,	Yumi came by.	네가 외출한 동안, 유미가 왔었다.
If	it snows,	we'll stay home.	눈이 오면, 우리는 집에 있을 것이다.

시간·조건을 나타내는 부사절은 미래를 나타내더라도 현재시제로 씀

시간	when/as (~할 때), while (~하는 동안), until/till (~할 때까지), as soon as (~하자마자), before (~하기 전에), after (~한 후에)
이유	because/as/since (~ 때문에)
양보	although/though/even though (비록 ~이지만), even if (설령 ~할지라도)
조건	if (만약 ~라면), unless[if ~ not] (만약 ~이 아니라면)
대조·목적	while (~인 반면에), so that (~하기 위해) — so that은 주절 뒤에 씀
결과	〈so+형용사/부사+that〉 / 〈such(+a(n))+형용사+명사+that〉 (매우 ~해서 …하다)

cf. 조건을 나타내는 부사절은 〈명령문,+and/or〉로 바꿔 쓸 수 있다.

If you tell her the truth, she'll forgive you.
→ Tell her the truth, **and** she'll forgive you. (~해라, 그러면 …)

If you **don't** put on your coat, you'll catch a cold.
= **Unless** you put on your coat, you'll catch a cold.
→ Put on your coat, **or** you'll catch a cold. (~해라, 그러지 않으면 …)

2 주의해야 할 접속사

- 〈so ~ that〉 vs. 〈so that ~〉

The tea was **so** hot **that** I couldn't drink it. 〈결과〉
We talked quietly **so that** the baby could sleep. 〈목적〉

- 〈That's why+결과〉 vs. 〈That's because+원인〉

She got a new job in Seoul. **That's why** she moved there.
She moved to Seoul. **That's because** she got a new job there.

출제 포인트

〈so ~ that〉과 〈so that ~〉의 형태와 의미를 구분해서 쓴다.
She liked English **so** *much* **that** *she majored in it.* (so+형용사/부사+that+절)
I'm wearing warm clothes **so that** *I don't get cold.* (so that+절)

문장으로 CHECK UP

>> Answer p.13

A 단어 배열하기

1 그녀의 아버지가 농담을 해서 그녀는 웃었다. (told, because, she, a joke, her father, laughed)

2 그녀는 더 잘 보기 위해서 일어났다. (could, she, see, stood up, that, better, she, so)

3 그것은 매우 좋은 노래라서 모두 춤을 췄다. (was, everyone, that, a, danced, it, great, such, song)

4 너무 추워서 나의 개는 나가지 않으려고 한다. (that, cold, go outside, my dog, is, won't, so, it)

5 최선을 다해라, 그러면 너는 너의 목표를 이룰 것이다.
(your goal, and, will, you, do, achieve, your best)

B 빈칸 채우기

1 Diana가 과일을 선호하는 반면, Hanna는 패스트푸드를 좋아한다. (prefer)

Hanna likes fast food, ____________ .

2 계획을 짜라, 그러지 않으면 너의 팀은 질 것이다. (lose)

Make a plan, ____________ .

3 그녀가 스포츠를 좋아할지라도, 그녀는 TV에서 그것을 보지 않는다. (sports)

____________ , she doesn't watch it on TV.

4 나는 오늘 발표를 한다. 그래서 나는 긴장된다. (nervous, feel)

I have a presentation today. ____________ .

5 Fred는 그 시험을 통과하면 저 대학에 갈 것이다. (go, pass)

Fred ____________ that university ____________ the exam.

6 그들은 너무 피곤해서 깨어 있을 수 없다. (that, tired)

They are ____________ stay awake.

C 문장 완성하기

1 만약 네가 20살 미만이라면, 너는 할인을 받을 수 있다. (old, less than)

______, you can get a discount.

2 웃긴 이야기들을 읽어라, 그러면 너는 기분이 훨씬 나아질 것이다. (funny)

______ feel much better.

3 Lily가 그녀의 숙제를 끝내자마자 너에게 전화할 것이다. (finish)

Lily will call you ______.

4 그녀가 자고 있는 동안 드럼을 치지 말아라. (sleep, play the drums)

______

5 그 꽃들이 너무 예뻐서 나는 그것들의 사진을 찍었다. (pretty, take a picture, that)

______

D 틀린 부분 고쳐 쓰기

1 그녀는 성공한 사업가이다. 그래서 그녀는 부유하다.

She is a successful business person. That's because she is rich.

→ ______

2 나는 누구도 방해하지 않기 위해 조용히 말했다.

I spoke so quietly that I wouldn't disturb anyone.

→ ______

3 플라스틱을 덜 사용해라, 그러지 않으면 오염이 더 악화될 것이다.

Use less plastic, and the pollution will be worse.

→ ______

4 저희 부모님이 도착하실 때, 제가 더 많은 음식을 주문할게요.

When my parents will arrive, I will order more food.

→ ______

5 네가 수영복을 입지 않으면 수영장 안으로 들어갈 수 없다.

You can't go into the pool unless you don't wear a swimsuit.

→ ______

서술형으로 STEP UP

>> Answer p.13

빈출 유형 문장 바꿔 쓰기

예제 다음 두 문장을 ❷❸so ~ that을 사용하여 한 문장으로 바꿔 쓰시오.

❶Mia is very angry. She won't speak to me.

→ ______________________

TIP 접속사를 포함한 어구의 어순과 의미를 숙지해서 어법과 문맥에 맞게 문장을 바꾸자!

★ 서술형 문제 풀이 과정

❶ 뒤 문장은 앞 문장의 '결과'

❷ '결과'를 나타내는 접속사 어구 : ⟨so+형용사/부사+that절⟩

❸ '결과'에 해당하는 부분을 ⟨that+주어+동사 ~⟩의 절로 쓰기

1 다음 문장과 의미가 통하도록 문장을 바꿔 쓰시오.

(1) Matt went to the North Pole because he loved polar bears very much.

→ Matt loved polar bears __________ __________ __________ he went to the North Pole.

(2) Sheldon works out every day in order to stay fit.

→ Sheldon works out every day __________ __________ __________ __________ stay fit.

2 다음 두 문장을 when을 사용하여 한 문장으로 바꿔 쓰시오.

Sally will visit me tomorrow. I will talk with her then.

→ ______________________
____

3 다음 각 문장을 ⟨조건⟩에 맞게 바꿔 쓰시오.

조건
• 긍정의 명령문으로 시작할 것

(1) If you don't drink water now, you will feel thirsty later.

→ ______________________ you will feel thirsty later.

(2) If you follow the directions, you'll get to the airport.

→ ______________________ you'll get to the airport.

(3) Unless you listen to her carefully, you won't get a hint.

→ ______________________ you won't get a hint.

(4) If you bring your own bag, you can help to reduce waste.

→ ______________________ you can help to reduce waste.

Unit 02

명사절을 이끄는 접속사와 상관접속사

1 명사절을 이끄는 접속사

- 접속사 that('~라는 것')이나 if/whether('~인지 아닌지')가 이끄는 명사절은 문장에서 주어 · 보어 · 목적어 역할을 한다.

The point is **that** we should save energy. (보어) 요점은 우리가 에너지를 절약해야 한다는 것이다.

I don't know **if[whether]** he'll visit us. (목적어) 나는 그가 우리를 방문할지 안 할지 모른다.

2 상관접속사

- 짝으로 이루어진 상관접속사는 문법적으로 대등한 말을 이어준다. 상관접속사로 연결된 어구가 문장의 주어일 때, 동사의 수 일치에 주의한다.

Both my brother **and** I ***are*** middle school students. 내 형과 나는 둘 다 중학생이다.

Either Sue **or** Greg ***is*** responsible for the mistake. Sue와 Greg 중 하나가 그 실수에 책임이 있다.

상관접속사	의미	주어 · 동사의 수 일치
both A and B	A와 B 둘 다	복수 취급
not only A but also B / B as well as A	A뿐만 아니라 B도	B에 동사의 수 일치
either A or B	A와 B 중 하나	
neither A nor B	A도 B도 아닌	

3 접속사의 병렬구조

- 등위접속사(and/but/or)와 상관접속사는 문법적으로 동일한 형태와 구조를 연결한다.

This roller coaster is **fun**, **scary**, and **thrilling**. (형용사) 이 롤러코스터는 재미있고 무섭고 긴장감 있다.

Bethany can neither **speak** nor **read** Thai. (동사) Bethany는 태국어를 말할 수도 읽을 수도 없다.

출제 포인트

〈not only A but also B〉, 〈B as well as A〉에서 A, B의 순서와 동사의 수에 주의한다.

Jay뿐만 아니라 나도 패션에 관심이 있다.

→ Not only *Jay* but also *I* **am** interested in fashion.

→ *I* as well as *Jay* ~~is~~ (→ **am**) interested in fashion.

문장으로 CHECK UP

>> Answer p.13

A 단어 배열하기

1 나는 그 회사가 보안을 위해 드론을 사용할 거라고 들었다.
(would, the company, heard, I, drones, use, that)

______ for security.

2 나는 요리와 설거지 둘 다를 할 것이다. (the dishes, cook food, both, and, I, wash, will)

______

3 그녀는 케이크뿐만 아니라 쿠키들도 가져왔다. (but also, a cake, she, cookies, not only, brought)

______

4 그들의 계획은 매우 간단하지만 도전적이다. (challenging, plan, but, very, is, their, simple)

______

5 시장뿐만 아니라 기자들도 그 강연을 듣고 있다.
(the lecture, as well as, attending, reporters, are, the mayor)

______

B 빈칸 채우기

1 엄마와 아빠 두 분 다 나에게 화가 나 있으시다. (angry at)

______ Mom ______ Dad ______ ______ ______ me.

2 그 방들도 그 주방도 깨끗하지 않다. (neither)

______ the rooms ______ the kitchen ______ ______.

3 우리는 그 연설이 길고 지루했다는 것에 동의한다. (bore, agree)

We ______ ______ the speech ______ ______ ______ ______.

4 나는 책 읽는 것뿐만 아니라 그림들을 그리는 것도 좋아한다. (draw, picture)

I like not only reading books ______ ______ ______ ______.

5 나는 그 소문이 사실인지 아닌지 모른다. (true, rumor)

I don't know ______ ______ ______ ______ ______.

6 나는 내 친구들을 만나거나 집에 머무르고 싶다. (meet, stay)

I want ______ ______ ______ my friends ______ ______ home.

C 문장 완성하기

1 나는 그녀가 영어를 말하고 쓰는 것을 잘한다고 생각한다. (speak, write, good at)

I think ______________________________.

2 그 만화는 재미있지도 흥미진진하지도 않았다. (exciting, funny, nor)

The cartoon ______________________________.

3 나의 누나는 산책하는 것과 전시회 관람하는 것 둘 다 즐긴다. (take a walk, see an exhibition)

My sister enjoys ______________________________.

4 너와 네 친구 중 하나가 거짓말을 하고 있다. (lie, either)

____

5 그 학생들뿐만 아니라 그 선생님도 그 배우를 좋아한다. (actor, as)

____

D 틀린 부분 고쳐 쓰기

1 Sandy와 Bell 둘 다 매일 그들의 지출을 적는다.

Both Sandy or Bell writes down their spending every day.

→ ______________________________

2 그 개는 짖고 있을 뿐만 아니라 꼬리도 흔들고 있다.

The dog is not only barking but also wags its tail.

→ ______________________________

3 당신은 바지와 치마 중 하나를 입을 수 있다.

You can wear either pants nor a skirt.

→ ______________________________

4 야구뿐만 아니라 탁구도 내가 가장 좋아하는 운동이다.

Baseball as well as table tennis are my favorite sport.

→ ______________________________

5 나는 내 전화기를 그 식탁 위에 두고 왔다고 확신한다.

I'm sure if I leave my phone on the table.

→ ______________________________

서술형으로 STEP UP

>> Answer p.13

빈출 유형 두 문장을 한 문장으로 쓰기

예제 다음 두 문장을 〈보기〉와 같이 한 문장으로 바꿔 쓰시오.

보기
She is good at math. She is also good at science.
→ She is good at ❶ not only math but also science.

❷ Eric walks to school. ❷ His friends also walk to school.
→ ______________________
____

TIP 상관접속사로 연결된 어구가 문장의 주어일 때 동사의 수 일치에 유의하자!

★ 서술형 문제 풀이 과정

❶ 상관접속사 〈not only A but also B〉를 사용해 주어진 두 문장을 한 문장으로 바꿔 쓰는 문제

❷ 두 문장에서 공통된 부분을 찾고, 연결되는 A와 B를 찾아 쓰기

1 다음 두 문장을 〈보기〉와 같이 한 문장으로 바꿔 쓰시오. (상관접속사를 사용할 것)

보기
It is sunny. It is also windy.
→ It is both sunny and windy.

(1) Benny works at the mall. Tim works at the mall, too.
→ ________ ________ ________
________ ________ at the mall.

(2) The door can be green. Or the door can be blue.
→ The door can be ________
________ ________ ________.

(3) My wife is not going to the wedding. I'm not going to the wedding, either.
→ ________ ________ ________
________ ________ am going to the wedding.

2 괄호 안에 주어진 말을 사용하여 주어진 두 문장을 한 문장으로 바꿔 쓰시오.

(1) Chinese is not my first language. Japanese is not my first language, either.

→ ______________________
is my first language. (neither)

(2) Steve plays the saxophone. I play the saxophone, too.

→ ______________________
play the saxophone. (not only)
→ ______________________
play the saxophone. (as well as)

기출문제로 WRAP UP

01 다음 문장과 의미가 통하도록 문장을 바꿔 쓸 때, 빈칸에 알맞은 말을 쓰시오.

I've decided to travel to Spain because I'm very interested in Spanish architecture.

→ I'm interested in Spanish architecture ________ much ________ I've decided to travel to Spain.

02 다음 문장을 〈보기〉와 같이 바꿔 쓰시오.

보기
Oliver is good at not only curling but also bowling.
→ Oliver is good at bowling as well as curling.

Not only the producer but also the shows are famous.

→ ______________________________

03 다음 문장을 〈조건〉에 맞게 바꿔 쓰시오.

If you don't keep practicing, you can't become a great dancer.

조건
- 긍정의 명령문으로 시작할 것
- 문장의 의미가 통하도록 할 것
- or를 사용하여 9단어의 완전한 문장으로 쓸 것

→ ______________________________

04 다음 두 문장을 〈보기〉와 같이 한 문장으로 바꿔 쓰시오.

보기
Gail is tall. Louis is tall, too.
→ Not only Gail but also Louis is tall.

(1) Golf is popular in Korea. Golf is also popular in America.
→ ______________________________

(2) The woman has red hair. Her children have red hair, too.
→ ______________________________

05 다음 표를 보고, 빈칸에 알맞은 접속사와 be동사를 쓰시오.

	Luna	Sandie
Breed	poodle	beagle
Gender	female	female
Age	3	4

Luna and Sandie are my pet dogs. Luna is a poodle and Sandie is a beagle. ________ Luna ________ Sandie ________ females. ________ Luna ________ Sandie ________ more than 5 years old.

06 괄호 안에 주어진 접속사를 사용하여 주어진 두 문장을 한 문장으로 바꿔 쓰시오.

(1) My plane will land in an hour. Then I will give you a call. (after)

→ ______________________________

____

(2) Josh is very clever. He always gets perfect scores. (so ~ that)

→ ______________________________

____

(3) Please deliver my clothes quickly. Then I can wear them tomorrow. (so that)

→ ______________________________

____

(4) Horses are fast. Cheetahs are fast, too. (both ~ and)

→ ______________________________

____

07 다음 글을 읽고, 나와 나의 부모님을 대조하는 문장을 〈조건〉에 맞게 쓰시오.

I wanted to go to the amusement park. My parents wanted to rest at home.

조건
- 글에 제시된 표현을 활용할 것
- 나에 대한 내용을 부사절에 쓸 것
- while을 사용하여 완전한 한 문장으로 쓸 것

→ ______________________________

____

08 우리말과 일치하도록 괄호 안에 주어진 말을 활용하여 빈칸에 알맞은 말을 쓰시오.

(1) 내일 비가 오지 않는다면, 그녀는 정원을 조금 가꿀 것이다. (rain)

→ ________ ________ ________ tomorrow, she will do some gardening.

(2) 저는 사람들에게서뿐만 아니라 책들에서도 교훈을 얻었습니다. (as)

→ I learned lessons from ________ ________ ________ ________ ________ ________.

09 우리말을 영어로 바꿔 쓸 때, 틀린 곳을 찾아 문장을 다시 쓰시오.

(1) 당신은 그 남자가 Chris라는 걸 확신하나요?
→ Are you sure if the man is Chris?

→ ______________________________

____

(2) 그 식당은 붐빈다. 왜냐하면 음식이 싸고 맛있기 때문이다.
→ The restaurant is crowded. That's why the food is cheap and delicious.

→ ______________________________

____

(3) 나일 또는 아마존이 가장 긴 강이다.
→ Either the Nile nor the Amazon are the longest river.

→ ______________________________

____

누적시험으로 LEVEL UP Chapter 04~07

시험일 월 일

점수 / 문항

01 우리말과 일치하도록 괄호 안에 주어진 말을 바르게 배열하시오.

(1) 오래된 습관을 고치는 것은 쉽지 않다.
(habits, not, is, to, it, change, easy, old)
→ ______________________________
____

(2) 너는 비상시에 누구에게 전화해야 하는지 아니?
(know, call, situations, do, whom, you, emergency, to, in)
→ ______________________________
____

(3) 이 강의는 이해하기에 너무 어렵다.
(is, to, this lecture, difficult, understand, too)
→ ______________________________
____

02 다음 표를 보고, 빈칸에 알맞은 접속사를 쓰시오.

Name	Home	Job	Hobby
Sojin	Busan	dancer	surfing
Tim	Quebec	teacher	camping
Violet	Miami	teacher	surfing

(1) __________ Sojin __________ Violet enjoy surfing as a hobby.

(2) __________ __________ Tim but also Violet is a teacher.

(3) __________ Sojin __________ Tim lives in Miami.

03 다음 대화를 읽고, 밑줄 친 우리말과 일치하도록 빈칸에 알맞은 말을 쓰시오.

> **A** I'm thinking of showing the movie *Blind* to my students next week.
> **B** Really? 나는 그것이 학생들이 보기에 너무 폭력적이라고 생각해.
> **A** Oh, then I will reconsider it.

→ I think that it's too violent __________ __________ __________ __________.

04 빈칸에 알맞은 말을 〈보기〉에서 골라 쓰시오. (한 번씩만 사용할 것)

보기		
since	until	while

(1) You should keep walking __________ you see a village.

(2) I'm on a diet __________ I've gained some weight.

(3) __________ he's really good at math, he's poor at English.

05 다음 대화를 읽고, 괄호 안에 주어진 말을 사용하여 밑줄 친 우리말을 영작하시오.

> **A** There's no clock in the testing room. 너의 시계를 가지고 올 것을 기억해. (own, watch, bring, remember)
> **B** Oh, thanks.

→ ______________________________

>> Answer p.14

06 다음 〈보기〉와 같이 문장을 바꿔 쓰시오.

보기
When the dog ran, its tail was shaking. → The dog ran <u>with its tail shaking</u>.

(1) When she was standing, she was crossing her arms.

→ ______________________________

____

(2) When Tom drove his car, his father sat in the back seat.

→ ______________________________

____

07 다음 문장을 〈조건〉에 맞게 바꿔 쓰시오.

If you apply this cream to your skin, your sunburn will get better.

조건
• 긍정의 명령문으로 시작할 것 • 문장의 의미가 통하도록 할 것 • and를 사용하여 12단어의 완전한 문장으로 쓸 것

→ ______________________________

____

08 다음 문장과 의미가 통하도록 문장을 바꿔 쓰시오.

(1) These jeans are too big for me to wear.

→ These jeans are ________

________ ________ ________

________ ________ them.

(2) Miju speaks not only English but also French.

→ Miju speaks ________ ________

________ ________ ________.

09 우리말과 일치하도록 괄호 안에 주어진 말을 활용하여 문장을 완성하시오.

(1) 그녀는 이 케이크를 굽는 데 3시간을 썼다. (bake, spend)

→ She ______________________________

this cake.

(2) 너는 그 카메라가 살 가치가 있다고 생각하니? (buy)

→ Do you think the camera ________

________?

10 다음 두 문장을 분사를 사용하여 한 문장으로 바꿔 쓰시오.

(1) The girl is riding a bike. She is my sister.

→ ________ ________ ________

________ ________ is my sister.

(2) The butter is melted. Pour it into the bowl.

→ Pour ________ ________

________ into the bowl.

(3) He walked down the street. He ran into his friend at that moment.

→ ________ ________ ________

________, he ran into his friend.

11 어법상 틀린 곳을 찾아 바르게 고쳐 쓰시오.

(1) I heard the rain fallen on the roof.

_______________ → _______________

(2) Rachel found the results shock.

_______________ → _______________

(3) Neither James nor Jacob are using chopsticks.

_______________ → _______________

12 다음 각 문장을 분사구문을 포함한 문장으로 바꿔 쓰시오.

(1) Because I didn't understand the rules, I couldn't play the game.

→ ________________________________

____

(2) As Sue was ill, her family stayed home all day.

→ ________________________________

____

13 다음 대화를 읽고, 괄호 안에 주어진 말을 사용하여 밑줄 친 우리말을 영작하시오.

(*Phone rings.*)

A Hello, Eric. Where are you now?

B I'm almost there.

A 가능한 한 빨리 와, 그러지 않으면 너는 시상식을 놓칠 거야! (soon, come)

→ __________ __________ __________ __________ __________, or you will miss the award ceremony!

14 우리말과 일치하도록 〈보기〉에서 필요한 단어만 골라 문장을 완성하시오. (필요 시 단어를 추가할 것)

보기		
rude	careless	diligent
come	leave	arrive

(1) 그가 고맙다는 말을 하지 않고 떠난 것은 무례했다.

→ It ________________________________ without saying thank you.

(2) 그녀는 나의 반에서 가장 성실한 학생들 중 한 명이다.

→ She's ________________________________ in my class.

15 다음 글을 읽고, 밑줄 친 부분이 문맥과 어법상 옳으면 ○를 쓰고, 틀리면 바르게 고쳐 쓰시오.

It was Monday morning. Leo was in a hurry as he had many things (1) do. First, he went to the library and returned books. He had to pay a late fee because he forgot (2) return them last week. Next, he went to the student center (3) so that he could register for a summer camp.

(1) _______________

(2) _______________

(3) _______________

16 우리말과 일치하도록 괄호 안에 주어진 말을 활용하여 빈칸에 알맞은 말을 쓰시오.

(1) Helen은 너무 피곤해서 소파 위에서 잠들었다. (exhausted, fall asleep)

→ Helen was ________ ________ ________ ________ ________ ________ on the sofa.

(2) 비록 비가 심하게 오고 있었지만 그는 운동하러 나갔다. (be, hard)

→ He went out to exercise ________ ________ ________ ________ ________.

(3) 그녀는 그 아이들이 이미 점심을 먹었는지 물었다. (child, ask)

→ ________ ________ ________ ________ ________ ________ already eaten lunch.

17 다음 문장과 의미가 통하도록 빈칸에 알맞은 말을 쓰시오.

Miranda is the funniest girl in my school.

(1) Nobody in my school is ________ ________ Miranda.

(2) Nobody in my school is ________ ________ ________ ________.

(3) Miranda is ________ ________ ________ ________ ________ in my school.

18 다음 중 어법상 틀린 문장 2개를 찾아 번호와 함께 다시 쓰시오.

(1) Your eyelashes are twice as long as mine.
(2) If the bus will be late, we will take a taxi.
(3) I'm looking forward to see you this summer.
(4) He took a shower with the music playing.

________ : ________________________

________ : ________________________

19 다음 우리말을 〈조건〉에 맞게 영작하시오.

(1) 우리가 더 많이 나눌수록, 세상은 더 나아진다.

조건
- share, become, the world를 활용할 것
- 9단어의 완전한 문장으로 쓸 것

→ ________________________

(2) 나는 환경을 보호하기 위해 비닐 봉지를 사용하는 것을 멈췄다.

조건
- use, order, protect, plastic bags를 활용할 것
- 7단어를 추가하여 문장을 완성할 것

→ I stopped ________________ ________________ the environment.

01 02

>>> START

FINISH 10

CHAPTER 08

가정법

09 08

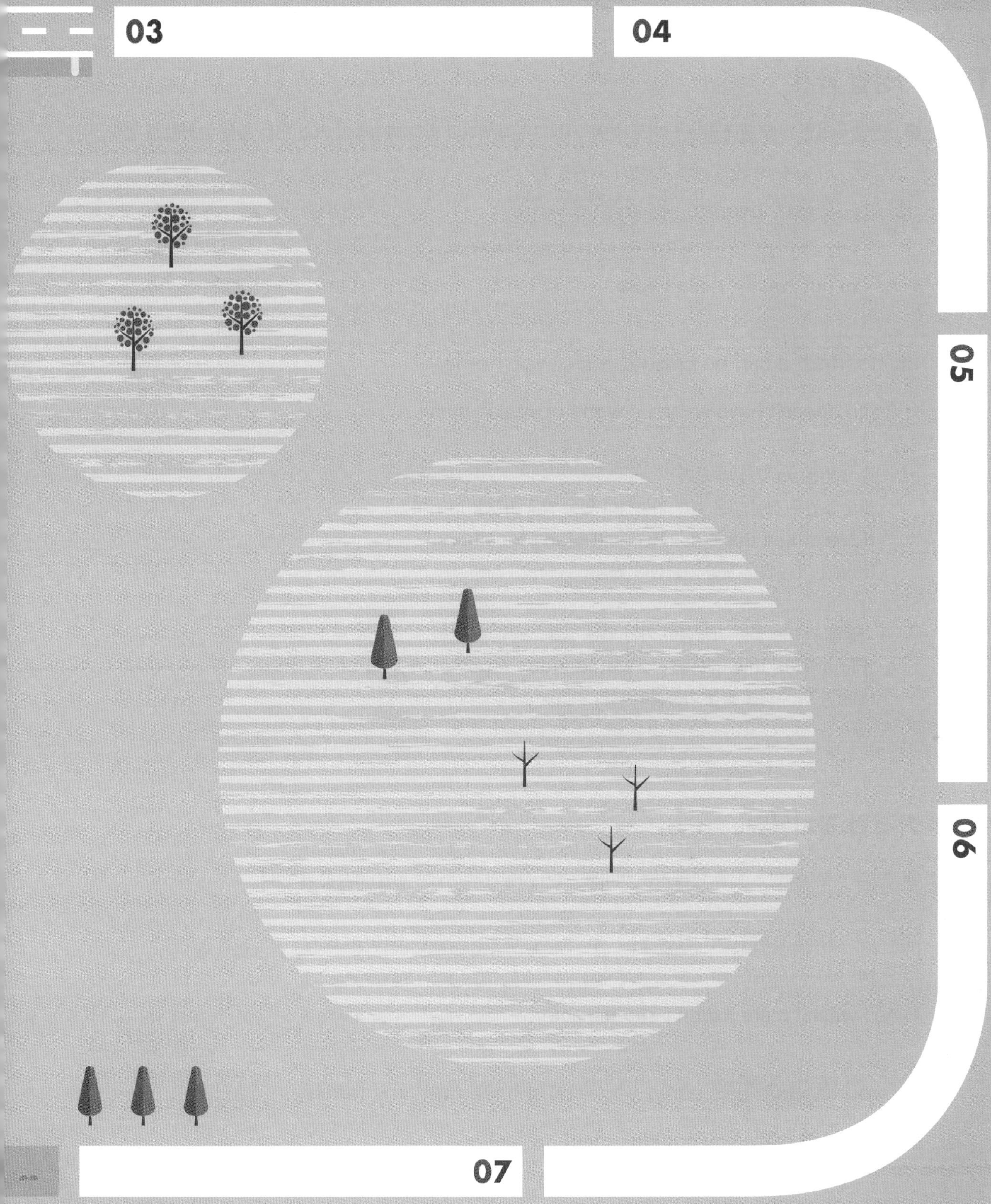

Unit 01 가정법 과거와 가정법 과거완료

Unit 02 I wish/as if/without 가정법

Unit 01

가정법 과거와 가정법 과거완료

1 가정법 과거

● '만약 ~라면 …할 텐데'라는 의미로, 현재 사실과 반대되거나 실현 가능성이 거의 없는 일을 가정할 때 쓴다.

be동사는 인칭·수에 관계없이 were를 씀

If I were twenty, I could vote. — 만약 내가 스무 살이라면, 투표할 수 있을 텐데.

If / 주어 / 동사의 과거형 / 주어 / would[could/might]+동사원형

← As **I'm not** twenty, I **can't vote**.

If he had a car, he would drive you home. — 만약 그에게 차가 있다면, 그는 너를 집에 태워 줄 텐데.

← As he **doesn't have** a car, he **won't drive** you home.

cf. 단순 조건문 vs. 가정법 과거

- 단순 조건문(직설법)은 실현 가능성이 있는 일을 가정할 때 쓴다.
  If Mia **takes** this class, we **will study** together.
  (Mia가 이 수업을 들을 가능성이 있음)

- 가정법 과거는 실현 가능성이 거의 없는 일을 가정할 때 쓴다.
  If Mia **took** this class, we **would study** together.
  (Mia가 이 수업을 들을 가능성이 거의 없음)

2 가정법 과거완료

● '만약 ~했더라면 …했을 텐데'라는 의미로, 과거 사실과 반대되는 일을 가정할 때 쓴다.

If I had been there, I would have seen the actor. — 만약 내가 거기 있었다면, 그 배우를 봤을 텐데.

If / 주어 / had+과거분사(v-ed) / 주어 / would[could/might]+have+과거분사(v-ed)

← As I **wasn't** there, I **didn't see** the actor.

If you hadn't left early, you could have met my family. — 네가 일찍 떠나지 않았더라면, 내 가족을 만날 수 있었을 텐데.

← As you **left** early, you **couldn't meet** my family.

출제 포인트

직설법에서 가정법으로 바꿔 쓸 때 동사의 시제에 유의한다.

'현재' 사실에 반대되는 가정을 할 경우 가정법 과거를, '과거' 사실에 반대되는 가정을 할 경우 가정법 과거완료를 쓴다.

As I **didn't eat** lunch, I **couldn't take** the medicine.
→ If I ~~**ate**~~ (→ **had eaten**) lunch, I ~~**could take**~~ (→ **could have taken**) the medicine.

문장으로 CHECK UP

>> Answer p.16

A 단어 배열하기

1 그가 여기 있다면, 그가 그 문제를 해결할 텐데. (were, would, here, if, he, the problem, he, solve)

2 내가 너를 봤더라면, 나는 인사를 했을 텐데. (seen, said hello, you, I, would, if, have, I, had)

3 내가 그녀의 전화번호를 안다면, 나는 그녀에게 전화할 수 있을 텐데.
(her, I, call, phone number, knew, could, I, her, if)

4 우리가 더 빨리 뛰었더라면, 우리는 그 버스를 잡았을지도 모르는데.
(run, have, if, the bus, we, faster, might, we, caught, had)

5 Olivia가 피곤하지 않다면, 그녀는 우리와 함께 올 텐데.
(us, she, come, Olivia, not, were, would, if, with, tired)

B 빈칸 채우기

1 내가 화성에 간다면, 나는 생명체를 찾을 텐데. (go, search for)

If I ______ ______ Mars, I ______ ______ ______ life.

2 내가 백만 달러를 갖고 있다면, 나는 새 집을 지을 수 있을 텐데. (build)

______ ______ ______ a million dollars, I ______ ______ a new house.

3 네가 제시간에 일어났더라면, 너는 늦지 않았을 텐데. (late)

If you had woken up on time, ______ ______ ______ ______ ______.

4 Clark 씨가 간호사가 아니라면, 그는 배우일 수도 있을 텐데. (be)

If Mr. Clark ______ ______ a nurse, he ______ ______ an actor.

5 그들이 우산을 가져오지 않았더라면, 그들은 젖었을 것이다. (get, bring)

If they ______ ______ an umbrella, they ______ ______ ______ wet.

C 문장 완성하기

1 바람이 불지 않는다면, 나는 소풍을 갈 텐데. (windy)

______ on a picnic.

2 내가 너에게 길을 알려주지 않았더라면, 너는 길을 잃었을 텐데. (get lost, give)

______ you directions, ______ .

3 내가 슈퍼히어로라면, 나는 빨리 이동할 수 있을 텐데. (fast, travel, a superhero)

______

4 Harry가 그의 돈을 절약했더라면, 그는 자전거를 샀을지도 모르는데. (save, a bicycle, buy, might)

______

5 그들이 영어를 이해한다면, 그들은 이 토크쇼를 즐길 수 있을 텐데. (enjoy, understand, talk show)

______

D 틀린 부분 고쳐 쓰기

1 나의 아버지가 시간이 있으시면, 그는 나의 축구 경기에 오실 텐데.

If my father has time, he would have come to my soccer game.

→ ______

2 그녀가 100년 전에 태어났더라면, 그녀는 여왕이 될 수 있었을 텐데.

If she were born 100 years ago, she could be a queen.

→ ______

3 John이 근처에 산다면, 우리는 그를 방문할 수 있을 텐데.

If John had lived nearby, we could visit him.

→ ______

4 Jessica가 스웨터를 입었더라면, 그녀는 감기에 걸리지 않았을 텐데.

If Jessica had worn a sweater, she wouldn't catch a cold.

→ ______

5 내가 수학을 잘한다면, 나는 너의 숙제를 도와줄 텐데.

If I were good at math, I will help you with your homework.

→ ______

서술형으로 STEP UP

>> Answer p.16

빈출 유형 문장 바꿔 쓰기

예제 다음 〈보기〉와 같이 서로 의미가 통하도록 주어진 문장을 바꿔 쓰시오.

보기
❶ As she is sick, she can't come with us.
→ ❷ If she weren't sick, she could come with us.

As I don't know my grades, I can't apply for a scholarship.
→ If I ______________________,
______________________.

TIP 현재 사실과 반대되는 상황을 가정할 때는 가정법 과거를, 과거 사실과 반대되는 상황을 가정할 때는 가정법 과거완료를 쓰자!

★ 서술형 문제 풀이 과정

❶ 현재 사실과 반대되는 상황을 가정하므로 가정법 과거로 바꿔 쓰기

❷ 현재 사실과 반대되는 상황이므로 긍정문은 부정문으로, 부정문은 긍정문으로 바꾸기

1 다음 〈보기〉와 같이 서로 의미가 통하도록 주어진 문장을 바꿔 쓰시오.

보기
If Paul had enjoyed his work, he wouldn't have quit his job.
→ As Paul didn't enjoy his work, he quit his job.

(1) If I were rich, I could help many people in need.
→ As ______________________,
______________________.

(2) If I had studied hard, I could have passed the exam.
→ As ______________________,
______________________.

2 주어진 문장을 〈조건〉에 맞게 바꿔 쓰시오.

조건
- 가정법을 사용할 것
- 문장의 의미가 서로 통하도록 할 것
- 주어진 문장에 나온 표현을 활용할 것

(1) As Sam doesn't speak Chinese, he can't work in Beijing.
→ If ______________________
______________________.

(2) As she didn't eat breakfast, she felt hungry.
→ If ______________________
______________________.

Unit 02
I wish/as if/without 가정법

1 I wish 가정법

- 〈I wish+가정법 과거〉는 현재 이루기 힘든 소망이나 현재 사실에 대한 유감·아쉬움을 나타낼 때 쓴다.
  〈I wish+가정법 과거완료〉는 과거 사실에 대한 유감·아쉬움을 나타낼 때 쓴다.

I wish (I wish) **you** (주어) **could stay** (동사의 과거형) here. 가정법 과거 — 네가 여기 머무를 수 있으면 좋을 텐데.

← I'm sorry that you **can't stay** here.

I wish (I wish) **he** (주어) **had seen** (had+과거분사(v-ed)) this view. 가정법 과거완료 — 그가 이 광경을 봤더라면 좋을 텐데.

← I'm sorry that he **didn't see** this view.

2 as if 가정법

- 〈as if+가정법 과거〉는 주절의 시제와 일치하는 때의 사실과 반대되는 상황을 가정할 때 쓴다.
  〈as if+가정법 과거완료〉는 주절의 시제보다 앞선 때의 사실과 반대되는 상황을 가정할 때 쓴다.

Dana ***looks*** **as if** (as if) **she** (주어) **were** (동사의 과거형) sixteen. 가정법 과거 — 다나는 마치 열 여섯 살처럼 보인다.

← In fact, Dana **isn't** sixteen.

He ***acts*** **as if** (as if) **he** (주어) **had met** (had+과거분사(v-ed)) Dr. Lou. 가정법 과거완료 — 그는 마치 Lou 선생님을 만났던 것처럼 행동한다.

← In fact, he **didn't meet** Dr. Lou.

3 without+명사(구)

- 〈without+명사(구)〉는 가정법 과거와 함께 쓰면 현재 사실과 반대되는 상황을 가정하고, 가정법 과거완료와 함께 쓰면 과거 사실과 반대되는 상황을 가정한다.

Without (Without) **music,** (명사(구)) life **would be** (would[could/might]+동사원형) boring. 가정법 과거 — 음악이 없다면, 인생은 지루할 것이다.
(가정법 과거완료는 〈would[could/might] have v-ed〉)

← ***If it were not for*** music, life would be boring.

오답 노트

가정법 과거는 '현재' 사실과 반대되는 일을 나타내지만 현재형이 아닌 과거형을 써야 함에 유의한다.

I **wish** I ~~have~~ (→ **had**) wings. (현재 이루기 힘든 소망)

She **acts as if** she ~~lives~~ (→ **lived**) in a palace. (현재 사실과 반대되는 상황을 가정)

Without your help, the project ~~won't~~ (→ **wouldn't**) succeed. (현재 사실과 반대되는 상황을 가정)

문장으로 CHECK UP

>> Answer p.16

A 단어 배열하기

1 내가 나의 형보다 나이가 많으면 좋을 텐데. (my brother, I, were, wish, older, I, than)

2 주호는 마치 그가 복권에 당첨되었던 것처럼 말했다. (the lottery, Juho, had, as if, talked, won, he)

3 그들이 나를 하와이로 데려갔더라면 좋을 텐데. (they, taken, wish, me, to, I, Hawaii, had)

4 나의 동료는 마치 자신이 나의 상사인 것처럼 행동한다.
(were, acts, my boss, as if, my coworker, she)

5 이 프로그램이 없었더라면, 너의 컴퓨터는 바이러스에 감염되었을지도 모른다.
(gotten, this program, might, your computer, a virus, have, without)

B 빈칸 채우기

1 내가 이 작은 새들을 먹일 수 있으면 좋을 텐데. (feed)

______ ______ ______ ______ ______ these little birds.

2 그는 마치 그의 발목을 다쳤던 것처럼 걷는다. (hurt)

He walks ______ ______ ______ ______ ______ his ankle.

3 내가 나의 부모님 근처에 살면 좋을 텐데. (close to)

______ ______ ______ ______ ______ ______ my parents.

4 그의 빠른 생각이 없었더라면, 그는 곤경에 처할 수 있었다. (be)

______ his quick thinking, he ______ ______ ______ in trouble.

5 그 여자는 마치 오랜 시간 동안 기다렸던 것처럼 보인다. (wait, look)

The woman ______ ______ ______ she ______ ______ for a long time.

6 지도가 없다면, 세계를 여행하는 일은 어려울 것이다. (difficult)

______ the map, traveling the world ______ ______ ______.

C 문장 완성하기

1 우리는 마치 아무 일도 일어나지 않았던 것처럼 행동한다. (nothing, happen)

We act ______________________.

2 네가 혼잡 시간대에 그 버스를 타지 않았더라면 좋을 텐데. (take)

I wish ______________________ during rush hour.

3 너는 마치 너의 나쁜 점수에 만족한 것처럼 들린다. (satisfied with)

You sound ______________________ your bad grades.

4 내가 유명한 아나운서라면 좋을 텐데. (announcer, famous)

____

5 그녀의 선생님이 없다면, 그녀는 스페인어를 배울 수 없을 텐데. (learn, Spanish)

____

D 틀린 부분 고쳐 쓰기

1 그가 내 남자 친구라면 좋을 텐데.

I wish he had been my boyfriend.

→ ______________________

2 그녀는 마치 그녀가 과학자인 것처럼 말한다.

She talks if she were a scientist.

→ ______________________

3 내가 너와 함께 남미에 갈 수 있다면 좋을 텐데.

I wish I can go to South America with you.

→ ______________________

4 인터넷이 없었더라면, 우리는 온라인상에서 그 옷을 사지 못했을 텐데.

Without the Internet, we couldn't buy the clothes online.

→ ______________________

5 나는 내가 아프지 않은 것처럼 느꼈다.

I felt as if I'm not sick.

→ ______________________

서술형으로 STEP UP

>> Answer p.16

빈출유형 우리말에 맞게 문장 완성하기

예제 우리말과 일치하도록 괄호 안에 주어진 말을 활용하여 영작하시오.

내가 선생님❶이면 좋을 텐데. ❷(be)

→ ______________________________

TIP 주어진 우리말이 이루기 힘든 소망이나 유감·아쉬움을 나타내거나 현재 또는 과거와 반대되는 상황을 가정할 때는 동사의 형태에 유의하자!

★ 서술형 문제 풀이 과정

❶ '~라면 좋을 텐데': 〈I wish+가정법 과거〉

❷ 가정법 과거 문장에서 be동사는 주어의 인칭·수에 상관없이 were를 쓰기

1 우리말과 일치하도록 괄호 안에 주어진 말을 활용하여 가정법 문장을 영작하시오.

(1) 그는 마치 내가 존재하지 않는 것처럼 행동한다. (behave, exist)

→ ______________________________

____

(2) 시험들이 없었더라면, 나는 공부하지 않았을 텐데. (exam, study)

→ ______________________________

____

(3) 네가 우리의 동아리에 가입했더라면 좋을 텐데. (club, join)

→ ______________________________

____

(4) 그녀는 마치 자동차 경주 선수인 것처럼 운전한다. (drive, a car racer)

→ ______________________________

____

2 다음 우리말을 〈조건〉에 맞게 영작하시오.

조건
- 가정법 문장으로 쓸 것
- be동사를 활용할 것

(1) 나의 개가 없었더라면, 나는 외로웠을 텐데.

→ ________ ________ ________,
I ________ ________ ________
lonely.

(2) 그녀는 마치 행복한 것처럼 보인다.

→ She looks ________ ________
________ ________ ________.

(3) 내가 너와 함께 있을 수 있다면 좋을 텐데.

→ I wish ________ ________
________ ________ ________.

기출문제로 WRAP UP

01 우리말을 영어로 바꿔 쓸 때, 밑줄 친 부분을 바르게 고쳐 쓰시오.

(1) 내가 키가 더 크다면, 나는 나무에 있는 저 사과들을 딸 수 있을 텐데.
→ If I (a) be taller, I (b) can pick those apples on the tree.

(a) ____________ (b) ____________

(2) 그들이 일찍 떠났더라면, 그들은 좋은 자리를 잡을 수 있었을 텐데.
→ If they (a) leave early, they (b) can get a good seat.

(a) ____________ (b) ____________

02 주어진 문장을 반대 상황을 가정하는 문장으로 바꿔 쓰시오.

(1) As I don't have time, I can't do the housework.

→ If I had time, I ____________________
____________________.

(2) As you didn't call me, I didn't pick you up.

→ ____________________, I would have picked you up.

(3) I'm sorry I didn't go to college.

→ I wish ____________________.

03 우리말과 일치하도록 괄호 안에 주어진 말을 활용하여 빈칸에 알맞은 말을 쓰시오.

(1) 내가 휴가 중이면 좋을 텐데. (be)

→ __________ __________ __________ __________ on vacation.

(2) 그는 마치 자신이 운동선수인 것처럼 운동한다. (athlete)

→ He exercises as if __________ __________ __________ __________.

04 다음 대화를 읽고, 괄호 안에 주어진 말을 활용하여 밑줄 친 우리말을 영작하시오.

(1)
A What would you do if you met aliens?
B 내가 그들을 만난다면, 나는 그들의 행성에 대해 물어볼 거야. (ask, meet)

→ ____________________ about their planet.

(2)
A Is your sister good with computers?
B No, she isn't. 하지만 그녀는 마치 자신이 컴퓨터 실력을 가진 것처럼 행동해. (act, have)

→ But ____________________ computer skills.

>> Answer p.16

05 두 문장이 서로 의미가 통하도록 빈칸에 알맞은 말을 쓰시오. (빈칸에 한 단어씩 쓸 것)

I didn't bring my phone, so I __________ __________ her.
→ If I __________ __________ my phone, I could have contacted her.

06 우리말과 일치하도록 괄호 안에 주어진 말을 활용하여 문장을 완성하시오.

그들이 전쟁을 시작하지 않았더라면, 모두 행복하게 살았을지도 모른다. (start, live, might)

→ ______________________________ a war, everyone ______________________________ happily.

07 다음 문장과 의미가 통하도록 직설법 문장으로 바꿔 쓰시오.

(1) If she had read the report, she could have joined the conversation.

→ As ______________________________, ______________________________.

(2) If Ryan were not greedy, people would like him.

→ As ______________________________, ______________________________.

[08~09] 다음 우리말을 〈조건〉에 맞게 영작하시오.

08 물이 없다면, 어떤 것도 지구에서 생존할 수 없을 텐데.

조건
- 가정법을 사용할 것
- nothing, survive를 활용할 것

→ __________ __________, __________ __________ __________ on Earth.

09 내가 그 집을 샀더라면 좋을 텐데.

조건
- 가정법을 사용할 것
- buy를 활용할 것

→ __________ __________ __________ __________ __________ the house.

10 다음 대화를 읽고, 밑줄 친 우리말을 영작하시오.

A Dr. Brown, what would you do if you could have another job?
B I love flying. 내가 의사가 아니라면, 나는 조종사로 일할 거야.

→ ______________________________, ______________________________ as a pilot.

01

02

>>> START

FINISH

10

CHAPTER 09

관계사

09

08

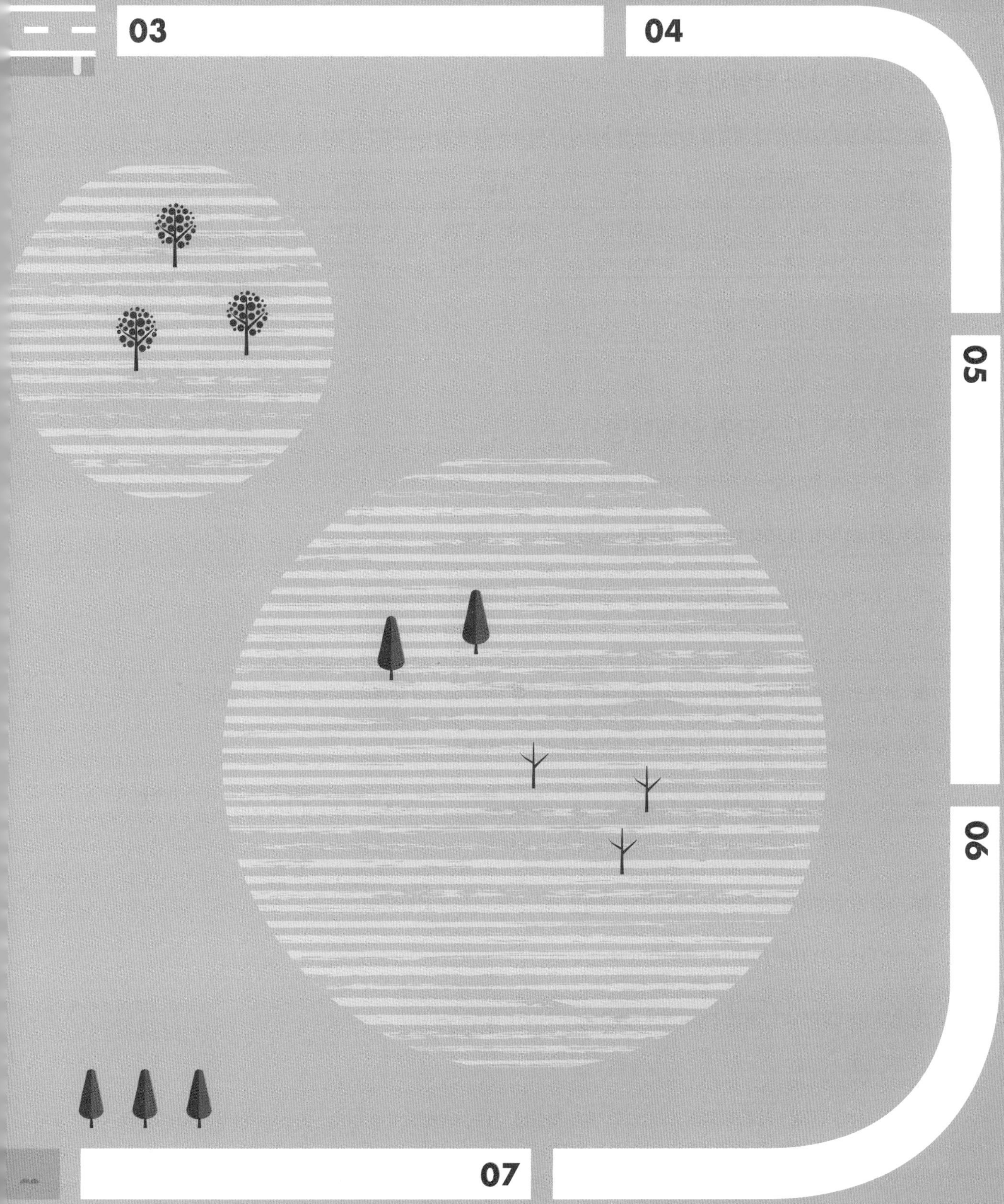

Unit 01 관계대명사

Unit 02 주의해야 할 관계대명사

Unit 03 관계부사와 복합관계사

Unit 01

관계대명사

1 관계대명사의 역할과 종류

● 〈접속사+대명사〉의 역할을 하며, 관계대명사가 이끄는 절은 형용사처럼 선행사를 수식한다.

관계대명사의 격 / 선행사	주격	목적격	소유격
사람	who, that	who(m), that	whose
사물, 동물	which, that	which, that	whose

2 주격/목적격/소유격 관계대명사

● 주격 관계대명사는 관계사절 내에서 주어 역할을 한다.

J. K. Rowling is ***the writer***. ***She*** wrote *Harry Potter*.

→ J. K. Rowling is the writer who[that] wrote *Harry Potter.*

선행사 관계대명사(주어 역할)+동사 ~

J. K. 롤링은 '해리포터'를 쓴 작가이다.

● 목적격 관계대명사는 관계사절 내에서 목적어 역할을 한다. 목적격 관계대명사는 생략 가능하다.

The movie is based on a book. I saw ***it*** yesterday.

→ The movie (which[that]) I saw yesterday is based on a book.

선행사 관계대명사(목적어 역할)+주어+동사 ~

내가 어제 본 영화는 책을 원작으로 한다.

● 소유격 관계대명사는 관계사절 내에서 명사를 수식하는 소유격 역할을 한다.

Anne lives in ***the house***. ***Its*** roof is green.

→ Anne lives in the house whose roof is green.

선행사 관계대명사(소유격 역할)+명사 ~

Anne은 지붕이 초록색인 집에 산다.

cf. 선행사가 〈사람+사물[동물]〉, -thing이거나, 최상급, 서수, every, the only, the very, the last 등의 수식을 받을 때는 주로 관계대명사 that을 쓴다.
Your present is *the very* thing **that** I want.

출제 포인트
주격·목적격 관계대명사는 각각 주어·목적어 역할을 하므로, 관계사절에 해당 문장 성분을 쓰지 않는다.
Oliver is the student ***who*** ~~he~~ won first prize.
Emma is the teacher ***whom*** everybody loves ~~her~~.

문장으로 CHECK UP

>> Answer p.17

A 단어 배열하기

1 내 옆에 앉는 소녀는 Maria라고 불린다. (named, the girl, sits, me, is, Maria, next to, who)

2 그들은 그들이 지은 집들을 자랑으로 여긴다. (the houses, they, proud of, they, built, are)

3 TV에 나오고 있는 이 쇼는 재미있지 않다. (on TV, this show, isn't, that, funny, is)

4 나는 눈이 밝은 파란색인 한 남자를 만났다. (a man, eyes, bright blue, I, whose, are, met)

5 그가 사고 싶어하는 차는 너무 비싸다. (wants, expensive, the car, he, is, too, which, to buy)

6 우리는 교육 과정이 독특한 학교에 다닌다. (is, go to, whose, unique, we, a school, curriculum)

B 빈칸 채우기

1 네가 만났던 그 소녀는 나의 언니를 안다. (meet)

The girl ______ ______ ______ ______ my sister.

2 그 식탁 위에 있는 케이크는 맛이 있다. (the table)

The cake ______ ______ ______ ______ ______ tastes good.

3 그가 들은 그 수업은 어려웠다. (take, class)

______ ______ ______ ______ ______ was difficult.

4 나는 개가 매일 짖는 가족 옆에 산다. (bark)

I live next to a ______ ______ ______ ______ every day.

5 그는 내 생각을 좋아하지 않는 유일한 사람이다. (like, person)

He is the only ______ ______ ______ ______ my idea.

C 문장 완성하기

1 Jenny가 졸업한 그 학교는 부산에 있다. (graduate from)

______ is in Busan.

2 그 영화배우를 인터뷰하고 있는 기자들을 봐. (the movie star, interview)

Look at the reporters ______.

3 미나는 나의 것과 똑같은 스카프를 하나 샀다. (the same as)

Mina bought a scarf ______.

4 나는 이름이 S로 시작하는 한 소녀를 찾고 있는 중이다. (look for, start with)

5 그가 내가 비판했던 그 예술가이다. (criticize, the artist)

D 틀린 부분 고쳐 쓰기

1 이것이 시카고행 기차인가요?

Is this the train which go to Chicago?

→

2 그녀가 콘서트에서 부른 그 노래들은 아름다웠다.

The songs which she sang them at the concert was beautiful.

→

3 나는 제목이 '앵무새 죽이기'인 책을 읽었다.

I read a book which title is *To Kill a Mockingbird*.

→

4 패션쇼 무대에 등장한 그 모델들은 말랐다.

The models appeared on the catwalk were skinny.

→

5 우리가 전화했던 그 남자는 그의 전화를 받지 않았다.

The man whose we called didn't answer his phone.

→

서술형으로 STEP UP

>> Answer p.17

빈출 유형 조건에 맞게 영작하기

예제 다음 우리말을 〈조건〉에 맞게 영작하시오.

덮개가 흰색인 ❶노트북을 사자.

> 조건
> - ❷관계대명사를 사용하여 ❶제안하는 말로 쓸 것
> - buy, case, the laptop을 사용할 것
> - ❸8단어의 완전한 문장으로 쓸 것

→ ______________________________

★ 서술형 문제 풀이 과정

❶ '~하자'라고 제안하는 말은 〈Let's+동사원형〉 : 수식어구를 제외하고 우선 'Let's buy the laptop'으로 쓰기

❷ 선행사(the laptop)이 명사(case)를 수식하는 구조이므로 관계대명사 whose를 쓰기

❸ 단어 개수 확인하기

TIP 선행사가 사람인지의 여부와, 관계사절 내에서 관계대명사가 하는 역할에 따라 알맞은 관계대명사를 선택하자!

[01~02] 다음 우리말을 〈조건〉에 맞게 영작하시오.

1 Tim이 내가 어제 봤던 그 남자이다.

> 조건
> - that을 제외한 관계대명사를 사용할 것
> - see, yesterday를 활용할 것
> - 8단어의 완전한 문장으로 쓸 것

→ ______________________________

2 세일 중인 그 가방은 멋지다.

> 조건
> - that을 제외한 관계대명사를 사용할 것
> - nice, on sale을 사용할 것
> - 8단어의 완전한 문장으로 쓸 것

→ ______________________________

3 다음 글을 읽고, 밑줄 친 우리말을 〈조건〉에 맞게 영작하시오.

> Have you heard about dog walkers? (1) <u>'개 산책 도우미'는 주인들이 바쁜 개들을 산책시킨다.</u> Dog walkers are becoming a more popular job in the U.S.
> (2) <u>그 직업을 얻길 원하는 사람들은 시험을 봐야 한다.</u> The test is not easy, so a lot of applicants are rejected.

> 조건
> - (1)과 (2) 모두 관계대명사를 사용할 것
> - (1)은 walk, dogs, owners, (2)는 get, want, people을 활용할 것
> - (1)은 6단어, (2)는 7단어를 추가하여 문장을 완성할 것

(1) A dog walker ______________________________.

(2) ______________________________ should take a test.

Unit 02

주의해야 할 관계대명사

1 관계대명사 what

● 관계대명사 what은 선행사를 포함하는 관계대명사로, '~하는 것'이라는 의미이다. what이 이끄는 명사절은 문장의 주어·보어·목적어 역할을 한다.

What they make *is* wooden toys. 그들이 만드는 것은 나무로 된 장난감이다.

주어 / what이 이끄는 명사절은 단수 취급

2 계속적 용법의 관계대명사

● 선행사 뒤에 쉼표(,)를 쓴 뒤, 관계대명사 who(m) 또는 which가 이끄는 절을 덧붙여 선행사에 대한 부가적인 설명을 할 수 있다. 관계대명사 that은 계속적 용법으로 쓸 수 없다.

관계사절이 문장 중간에 올 때는 절 앞뒤에 쉼표를 씀

Kay, who does my hair, is away on holiday. Kay는 내 머리를 해주는데, 휴가 중이다.

선행사

구, 절도 선행사가 될 수 있음

My favorite shop is closed, which makes me sad. 내가 가장 좋아하는 상점이 문을 닫았는데, 그것은 나를 슬프게 한다.

선행사 / = and it

3 전치사의 목적어로 쓰인 관계대명사

● 관계대명사가 전치사의 목적어일 때, 전치사는 관계대명사 바로 앞이나 관계사절 끝에 쓴다.

This is **the house**. My parents lived ***in* the house**.

→ This is the house in which my parents lived. 이곳이 나의 부모님이 살았던 그 집이다.

→ This is the house (which[that]) my parents lived in.

cf. 〈전치사+관계대명사〉 형태일 때는 관계대명사를 생략할 수 없으며, that이나 who를 쓸 수 없다.

This is the house ~~**in** my parents lived~~.

This is the house ~~**in that** my parents lived~~.

오답 노트

계속적 용법의 관계대명사로 that을 쓸 수 없다.

We watched *Inception*, **and it** is my favorite movie.

→ We watched *Inception*, ~~**that**~~ (→ **which**) is my favorite movie.

문장으로 CHECK UP

>> Answer p.18

A 단어 배열하기

1 이 책은 Owen이 빌렸던 것이다. (Owen, what, this, borrowed, is, book)

2 4월은 내가 태어난 달이다. (was, the month, in which, I, April, born, is)

3 내가 필요한 것은 물 한 잔이다. (is, what, a glass of, I, water, need)

4 이것은 그녀가 매일 듣는 노래이다. (the song, every day, to which, listens, this, she, is)

5 나는 Lopez 선생님을 만났는데, 그는 나의 수학 선생님이었다.
(used to, met, who, be, Mr. Lopez, I, my math teacher)

6 그 기차는 지연되었고, 그것은 모두를 화나게 했다.
(angry, which, the train, made, delayed, everyone, was)

B 빈칸 채우기

1 네가 한 것은 잘못된 것 같다. (seem, do)

________ ________ ________ ________ wrong.

2 나는 내 사진들을 올리는 블로그가 있다. (post, on)

I have a blog ________ ________ ________ ________ my pictures.

3 그녀는 파도 소리를 들었고, 그것은 평화로웠다. (peaceful)

She heard the sound of waves, ________ ________ ________.

4 그 영화는 그를 스타로 만든 것에 대해 말한다. (a star, make)

The movie talks about ________ ________ ________ ________ ________.

5 네가 함께 춤을 추고 있던 그 여자에게 나를 소개시켜줘. (with)

Introduce me to the woman ________ ________ ________ ________ dancing.

C 관계사로 문장 완성하기

1 나는 그녀가 말했던 것을 믿을 수 없다. (say, believe)

I can't ______________________.

2 이것이 당신이 운전 중이었던 속도입니다. (at, the speed)

______________________ you were driving.

3 Dan은 한 소녀에게 손을 흔들었는데, 그녀는 버스 정류장에 서 있었다. (a bus stop, stand)

Dan waved at a girl, ______________________.

4 내가 동화책들을 읽어줬던 그 아기는 나의 조카이다. (storybooks)

The baby to ______________________ my niece.

5 너는 그 웹사이트에서 주문했던 것이 좋았니? (order, from)

Did you like ______________________?

D 틀린 부분 고쳐 쓰기

1 그녀가 내가 함께 여행했던 친구이다.

She is a friend with who I traveled.

→ ______________________

2 그는 내가 의미한 것을 이해하지 못했다.

He didn't understand that I meant.

→ ______________________

3 이곳은 우리가 커피를 마시는 카페이다.

This is the café at that we drink coffee.

→ ______________________

4 그가 보통 먹는 것은 채소와 닭 가슴살이다.

What he usually eats are vegetables and chicken breast.

→ ______________________

5 너는 어젯밤에 그녀에게 전화를 하지 않았고, 그것은 그녀를 우울하게 했다.

You didn't call her last night, that depressed her.

→ ______________________

서술형으로 STEP UP

>> Answer p.18

빈출 유형 문장 바꿔 쓰기

예제 다음 문장을 〈보기〉와 같이 바꿔 쓰시오.

보기
I met Nick, ❶and he is my classmate.
→ I met Nick, ❶who is my classmate.

Jina went to ❷Olive Garden, and it is her favorite restaurant.

→ Jina went to Olive Garden, ______________ ______________.

★ 서술형 문제 풀이 과정

❶ 〈접속사+대명사〉를 계속적 용법의 관계대명사로 바꾸는 문제

❷ 선행사와 대명사 it이 사물이므로 관계대명사 which로 바꾸기

TIP 계속적 용법의 관계대명사는 who(m), which만 가능하며, 〈전치사 + 관계대명사〉 형태에서는 whom, which만 가능하다!

1 다음 문장을 관계대명사를 사용하여 바꿔 쓰시오.

(1) He has one sister, and she is a lawyer.

→ He has one sister, ______________ ______________.

(2) I traveled the world for five years, and it surprised everybody.

→ I traveled the world for five years, ______________.

(3) This is Sally, and you met her last year.

→ This is Sally, ______________ ______________.

2 다음 두 문장을 〈보기〉와 같이 한 문장으로 바꿔 쓰시오.

보기
Dad went to the school. I go to the school.
→ Dad went to the school to which I go.

(1) There is the woman. I work for her.

→ ______________ I work.

(2) I cleaned the sofa. My dog sleeps on it.

→ ______________ my dog sleeps.

(3) We had the meeting. I suggested an idea during the meeting.

→ ______________ I suggested an idea.

Unit 03
관계부사와 복합관계사

1 관계부사의 역할과 종류

● 〈접속사+부사(구)〉의 역할을 하며, 형용사처럼 선행사를 수식한다. 〈전치사+관계대명사〉로 바꿔 쓸 수 있다.

Spring is **the time**. Flowers start to bloom **at the time**.

→ Spring is the time **when flowers start to bloom.** 봄은 꽃들이 피기 시작하는 때이다.

선행사 / 관계부사(부사 역할)+주어+동사 ~

선행사	관계부사	전치사+관계대명사
시간 (the time, the day 등)	when	at[in/on/during] which
장소 (the place, the city 등)	where	at[in/on/to] which
이유 (the reason)	why	for which
방법 (the way)	how	in which

cf. 선행사가 the time, the place처럼 시간, 장소 등을 나타내는 일반적인 명사일 때, 선행사와 관계부사 중 하나를 생략할 수 있다.
The forest is **where[the place/the place where]** I found deer.

cf. how는 선행사 the way와 함께 쓸 수 없으며, 둘 중 하나만 쓴다.
I don't know **how[the way]** he met my family.

2 복합관계사의 역할과 종류

● 복합관계사에는 〈관계대명사+-ever〉 형태인 복합 관계대명사와 〈관계부사+-ever〉 형태인 복합 관계부사가 있다. 복합 관계대명사는 명사절이나 부사절을, 복합 관계부사는 부사절을 이끈다.

You may wear **whatever you want.** 명사절(목적어) 너는 네가 원하는 것은 무엇이든지 입어도 된다.

Whenever he is tired, he drinks ginger tea. 부사절 그는 피곤할 때면 언제나 생강차를 마신다.

복합 관계대명사	명사절 ('~든지')	양보의 부사절 ('~라도')
whoever	anyone who	no matter who
whichever	anything which	no matter which
whatever	anything that	no matter what

복합 관계부사	시간·장소의 부사절 ('~든지', '~나')	양보의 부사절 ('~라도')
whenever	at any time when	no matter when
wherever	at any place where	no matter where
however	-	no matter how

└뒤에 형용사/부사를 씀

출제 포인트
관계사가 관계사절에서 부사 역할을 할 때, 관계부사 또는 〈전치사+관계대명사〉를 쓴다.
Do you know ***a shop*** ~~which~~ (→ **where 또는 at which**) I can find rings?

문장으로 CHECK UP

>> Answer p.18

A 단어 배열하기

1 이것이 그들이 전통 가면을 만드는 방법이다. (make, how, traditional masks, this, they, is)

2 먼저 끝내는 사람은 누구든지 상을 받을 것이다. (get, whoever, a prize, finishes first, will)

3 네가 울고 있는 이유를 나에게 말해 봐. (crying, the reason, me, are, tell, why, you)

4 오늘은 내가 중간고사를 보는 날이다. (when, midterm exams, the day, I, today, take, is)

5 그들은 내가 그들에게 요리해주는 무엇이든지 먹을 것이다.
(whatever, them, eat, they, I, cook, for, will)

B 빈칸 채우기

1 나는 너를 처음 본 순간을 기억한다. (the moment)

____ ____ ____ ____ ____ I first saw you.

2 너는 네가 원하는 곳 어디든지 앉아도 된다. (want)

You may sit ____ ____ ____ .

3 Fiona는 그녀가 태어난 병원을 방문했다. (born)

Fiona visited the hospital ____ ____ ____ ____ .

4 내가 아무리 크게 소리질러도 아무도 내 소리를 듣지 못했다. (loudly, shout)

____ ____ ____ ____ , no one heard me.

5 그는 그가 늦었던 이유를 설명했다. (explain)

____ ____ ____ ____ ____ he was late.

6 그녀가 말할 때면 언제나 모두가 듣기 위해 멈춘다. (speak)

____ ____ ____ , everyone stops to listen.

C

문장 완성하기

1 비엔나가 내가 독일어를 배웠던 도시이다. (learn)

Vienna is the city in ______________________.

2 누가 내 비밀을 알더라도, 나는 신경 쓰지 않는다. (secret, whoever)

______________________, I don't care.

3 Jimmy는 우리에게 그가 그 퍼즐을 푼 방법을 말해주었다. (how, solve)

Jimmy told us ______________________.

4 나는 우리가 함께였던 때를 절대 잊지 않을 것이다. (when, together)

I'll never forget ______________________.

5 이 꽃들을 네가 원하는 곳 어디든지 놓으렴. (want, wherever)

Please put ______________________.

D

틀린 부분 고쳐 쓰기

1 우리는 쓰레기를 줄일 수 있는 방법을 토론했다.

We discussed the way how we can reduce trash.

→ ______________________

2 나는 그가 나를 초대하지 않은 이유를 알아냈다.

I found out the reason which he didn't invite me.

→ ______________________

3 우리는 나의 아버지가 일하시는 가게에 갔다.

We went to the store at where my father works.

→ ______________________

4 네가 어디를 가더라도, 나를 항상 기억해줘.

Whenever you go, always remember me.

→ ______________________

5 네가 나에게 사주는 것 무엇이든지 완벽한 선물일 것이다.

What you buy me will be the perfect gift.

→ ______________________

서술형으로 STEP UP

>> Answer p.18

빈출 유형 문장 바꿔 쓰기

예제 다음 두 문장을 〈조건〉에 맞게 한 문장으로 바꿔 쓰시오.

Tomorrow is the day.
I'll begin my ballet lessons on that day.

조건
- (1)은 관계부사를 사용할 것
- (2)는 관계대명사를 사용할 것

(1) Tomorrow is the day ________ ________ ________ my ballet lessons.

(2) Tomorrow is the day ________ ________ ________ ________ my ballet lessons.

TIP 선행사가 시간·장소·이유·방법 중 무엇을 나타내는지 파악하여 알맞은 관계부사를 쓰자!

★ 서술형 문제 풀이 과정

❶ 선행사(the day)가 시간을 나타내고 부사구 역할을 하므로 관계부사 when을 사용해서 연결하기

❷ 관계부사를 〈전치사+관계대명사〉로 바꿔 쓰기

❸ 전치사는 관계대명사 바로 앞이나 관계사절 끝에 쓰는데, 관계사절 끝에 전치사가 없으므로 on을 관계대명사 바로 앞에 쓰기

1 다음 두 문장을 〈조건〉에 맞게 한 문장으로 바꿔 쓰시오.

조건
- 관계부사를 사용할 것

(1) The garage is the place. He stores his camping equipment in the place.

→ ____

____

(2) Grandfather knows the way. My dad proposed to my mom in the way.

→ ____

____

2 다음 문장과 의미가 통하도록 문장을 바꿔 쓰시오.

(1) You can have anything that you want.

→ You can have ________ ________ ________.

(2) No matter who finds the answer, we will get a point.

→ ________ ________ ________ ________, we will get a point.

(3) At any time when she goes to the park, she sees squirrels.

→ ________ ________ ________ ________ ________ ________, she sees squirrels.

기출문제로 WRAP UP

01 우리말과 일치하도록 괄호 안에 주어진 말을 바르게 배열하시오.

(1) 너의 생일에 네가 원하는 것을 적어봐.
(want, write down, for your birthday, what, you)
→ ______________________________
____

(2) 그녀는 부모님이 의사인 한 소년을 안다.
(knows, whose, a boy, doctors, are, parents, she)
→ ______________________________
____

(3) 2012년은 내 삶이 변했던 때였다.
(the time, was, my life, the year 2012, when, changed)
→ ______________________________
____

02 다음 두 문장을 한 문장으로 바꿔 쓰시오.

(1) A bird flew past. It had red wings.

→ A bird ________ ________
________ ________ flew past.

(2) I want to see the woman. John keeps talking about her.

→ I want to see the woman ________
________ ________ ________
________.

03 다음 문장과 의미가 통하도록 문장을 바꿔 쓰시오.

(1) At any place where she plays, there's paint and glitter.

→ ________ ________ ________,
there's paint and glitter.

(2) No matter which you pick, I'll let you have it.

→ ________ ________ ________,
I'll let you have it.

04 어법상 틀린 곳을 찾아 바르게 고쳐 쓰시오.

(1) What Amy is pouring into the cups are orange juice.
________ → ________

(2) Winter is the time during when people want to drink hot chocolate.
________ → ________

05 다음 중 어법상 틀린 문장을 찾아 번호와 함께 다시 쓰시오.

(1) This is how I fixed the machine.
(2) We called the man whose car is for sale.
(3) The woman who she is wearing glasses looks like my mom.

________ : ______________________________
____

>> Answer p.18

[06~07] 다음 우리말을 〈조건〉에 맞게 영작하시오.

06 그녀는 개가 한 마리 있는데, 그것은 밖에서 잔다.

조건
- 계속적 용법의 관계대명사를 사용할 것
- have, outside를 활용할 것
- 7단어의 완전한 문장으로 쓸 것

→ ______________________________
____

07 그 문제가 아무리 어렵더라도, 그는 그것을 풀 것이다.

조건
- 복합 관계부사를 사용할 것
- solve, difficult, the question을 사용할 것
- 9단어의 완전한 문장으로 쓸 것

→ ______________________________
____

08 다음 두 문장을 〈조건〉에 맞게 한 문장으로 바꿔 쓰시오.

That's the drawer.
I keep my socks in the drawer.

조건
- (1)은 관계부사를 사용할 것
- (2)는 that을 제외한 관계대명사를 사용할 것

(1) That's the drawer ______________
______________.

(2) That's the drawer ______________
______________.

09 우리말과 일치하도록 괄호 안에 주어진 말을 활용하여 빈칸에 알맞은 말을 쓰시오.

(1) David Lee는 유명한 피아니스트인데, 그는 Tim의 삼촌이다. (famous)

→ David Lee, ________ ________
________ ________ ________,
is Tim's uncle.

(2) 그가 무엇을 제안하더라도, 그들은 그것을 좋아하지 않을 것이다. (suggest)

→ ________ ________ ________,
they won't like it.

(3) 네가 원하는 때 언제든지 나를 방문하렴. (want)

→ Visit me ________ ________
________.

10 다음 대화를 읽고, 밑줄 친 우리말을 〈조건〉에 맞게 영작하시오.

A Do you want to play a card game?
B Sure. What do you want to play?
A Let's play one-card. 모든 카드를 먼저 내려놓는 사람이 누구든지 그 게임을 이겨.
B Okay. Let's try.

조건
- anyone who와 의미가 같은 복합 관계대명사를 사용할 것
- the card, put down을 활용할 것
- 6단어를 추가하여 문장을 완성할 것

→ ______________________________
______________ first wins the game.

01

02

>>> START

FINISH

0

09

08

CHAPTER 10

특수 구문

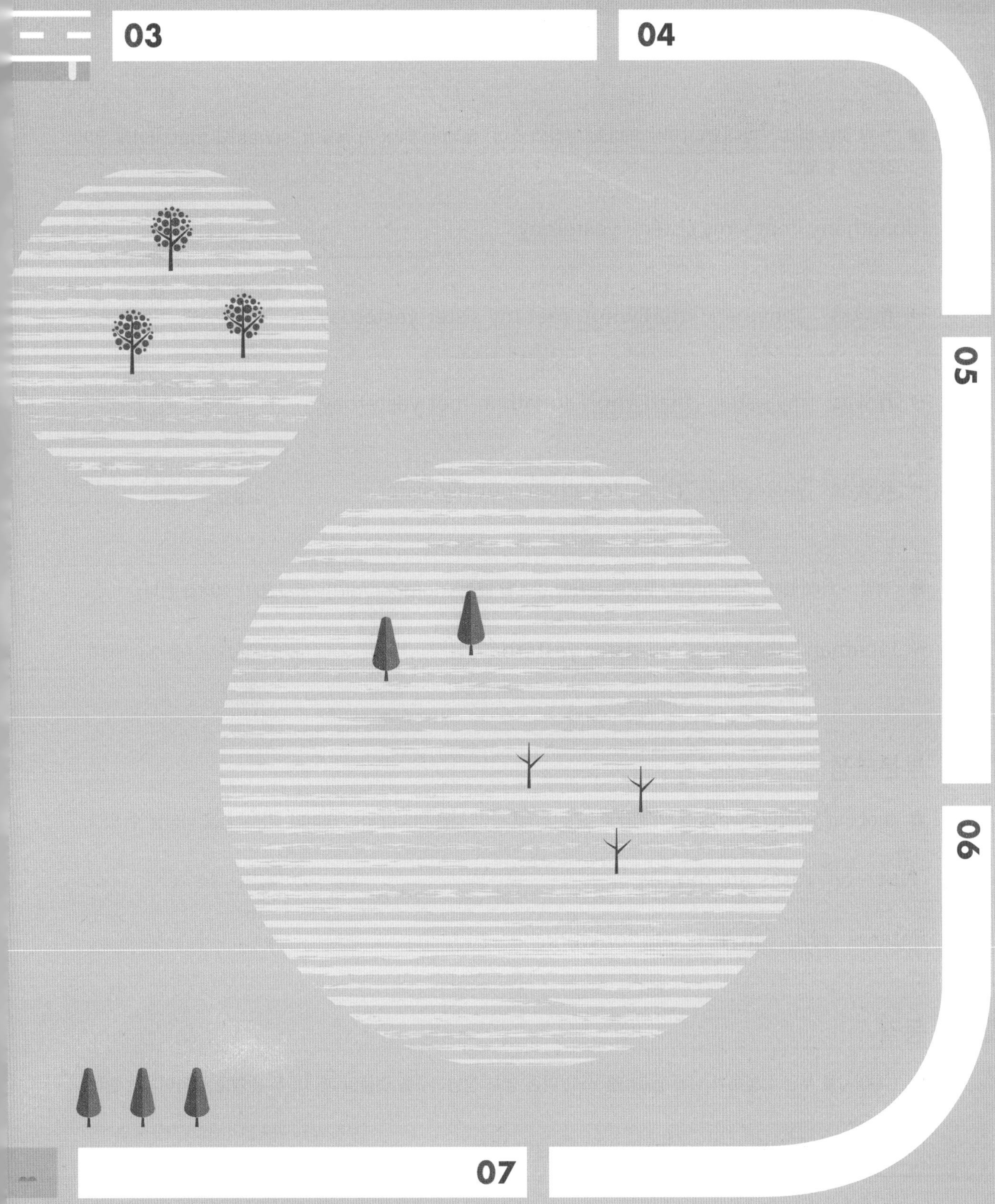

Unit 01 강조, 부분부정, 동격

Unit 02 도치와 특수 구문

Unit 03 화법 전환

Unit 01

강조, 부분부정, 동격

1 강조

● '…한 것은 바로 ~이다[였다]'라는 의미로, 문장의 주어·목적어·부사(구) 등을 It is[was]와 that 사이에 두어 강조할 수 있다.

Jonathan(주어) met(동사) my sister(목적어) yesterday(부사). — Jonathan은 어제 나의 언니를 만났다.

→ It was Jonathan(주어) that[who] met my sister yesterday. — 어제 나의 언니를 만난 사람은 바로 Jonathan이었다.

강조하는 것이 사람이면 who도 가능

→ It was my sister(목적어) that[who] Jonathan met yesterday. — Jonathan이 어제 만난 사람은 바로 나의 언니였다.

→ It was yesterday(부사) that Jonathan met my sister. — Jonathan이 나의 언니를 만난 것은 바로 어제였다.

● '정말 ~하다[했다]'라는 의미로, 문장의 동사를 강조할 때는 〈do[does/did]+동사원형〉 형태로 쓴다.

→ Jonathan did meet(do[does/did]+동사원형) my sister yesterday. — Jonathan은 어제 나의 언니를 정말 만났다.

2 부분부정

● 〈not+all/every/always 등〉의 형태로 '모두[항상] ~인 것은 아니다'라는 의미의 부분부정을 나타낼 수 있다.

Not all roses are red. — 모든 장미가 붉은색인 것은 아니다.

Peter is not always late for work. — Peter가 직장에 항상 지각하는 것은 아니다.

3 동격

● (대)명사를 부연 설명하기 위해 쉼표(,)를 쓰고 다른 명사 상당어구를 덧붙일 때, 이 두 관계를 동격이라고 한다.

I met Mr. Ward, a well-known engineer. (Mr. Ward = a well-known engineer: 동격) — 나는 Ward 씨를 만났는데, (그는) 잘 알려진 공학자이다.

Celine, my sister, is having a concert today. (Celine = my sister: 동격) — Celine은 나의 여동생인데, 오늘 콘서트를 한다.

뒤에 문장이 이어질 때는 덧붙인 어구 앞뒤에 쉼표를 씀

오답 노트

not all 뒤에는 셀 수 없는 명사와 복수명사 둘 다 올 수 있지만, not every 뒤에는 단수명사만 온다.
뒤에 셀 수 없는 명사와 단수명사가 올 때는 단수 취급을, 복수명사가 올 때는 복수 취급을 한다.
Not every ~~children like~~ (→ child likes) sweets.

문장으로 CHECK UP

>> Answer p.19

A 단어 배열하기

1 모든 이야기가 행복한 결말을 가진 것은 아니다. (story, a happy ending, not, has, every)

2 그녀에게 소리친 사람은 바로 Holly의 여동생이었다. (was, her, who, it, yelled at, Holly's sister)

3 Monica는 Bayville에서 자랐는데, (Bayville은) 뉴욕주의 작은 마을이다.
(a small village, Monica, in Bayville, grew up, in New York)

4 나는 내 숙제를 정말 제출했다. (hand in, I, homework, did, my)

5 듀크 대학교는 유명한 학교인데, 노스캐롤라이나주에 있다.
(well-known, in, North Carolina, is, Duke University, a, school)

B 빈칸 채우기

1 아 카펫은 정말로 이상한 냄새가 난다. (strange)

This carpet ______ ______ ______ .

2 모든 새들이 날 수 있는 것은 아니다. (all)

______ ______ ______ ______ able to fly.

3 내 가족이 나에게 가져다주는 것은 바로 행복이다. (happiness)

______ ______ ______ ______ my family brings me.

4 Adrian은 나의 새로운 반 친구인데, 캐나다 출신이다. (classmate)

______ , ______ ______ ______ , is from Canada.

5 나의 남편이 마신 것은 바로 우유였다. (drink)

It ______ ______ ______ my husband ______ .

6 그녀가 나에게 항상 동의하는 것은 아니다. (agree with)

She ______ ______ ______ ______ ______ me.

C

문장 완성하기

1 그는 마침내 파리에 도착했는데, (파리는) 패션의 중심지이다. (the center of)

He finally arrived in ______________________.

2 나의 부모님이 런던에서 처음 만난 건 바로 1982년이었다. (in)

______________________ my parents first met in London.

3 우리는 집을 떠날 때 그 창문을 정말로 잠갔다. (lock, do)

______________________ when we left the house.

4 나와 함께 사진을 찍은 사람은 바로 Joey였다. (take a picture with)

____

5 모든 사람들이 그 계획에 대해 아는 것은 아니다. (about, everyone, plan)

____

D

틀린 부분 고쳐 쓰기

1 이 시계들 모두가 비싼 것은 아니다.

All of these watches are expensive.

→ ______________________

2 그 영화는 나를 정말로 웃게 한다.

The movie do makes me laugh.

→ ______________________

3 외국에서 사는 것이 항상 재미있지는 않다.

Living in a foreign country is not fun.

→ ______________________

4 Chloe가 지하철에 두고 내린 건 바로 그녀의 코트였다.

It was that Chloe left her coat on the subway.

→ ______________________

5 Happy Times는 내가 가장 좋아하는 식당인데, 나의 집 근처에 있다.

Happy Times is my favorite restaurant is near my house.

→ ______________________

서술형으로 STEP UP

>> Answer p.19

빈출 유형 문장 바꿔 쓰기

예제 〈조건〉에 맞게, 주어진 문장을 밑줄 친 부분을 강조하는 문장으로 바꿔 쓰시오.

Mason wants to read ❶ <u>a comic book</u>.

조건
- ❶ 문장을 It으로 시작할 것
- ❷ 10단어의 완전한 문장으로 쓸 것

→ ______________________________

____

★ 서술형 문제 풀이 과정

❶ It으로 시작하며 목적어를 강조할 때 쓰는 구문 : 〈It is[was]+목적어+that ~〉

❷ 주어진 문장과 같은 시제로 썼는지, 10단어로 문장을 완성하였는지 확인

TIP 주어, 목적어, 부사(구) 등을 강조할 때는 〈It is[was] ~ that〉 형태로, 동사를 강조할 때는 〈do[does/did]+동사원형〉 형태로 쓴다!

1 주어진 문장을 밑줄 친 부분을 강조하는 문장으로 바꿔 쓰시오.

(1) <u>Mr. Willis</u> graded the final exams.

→ ______________________________

____

(2) The dogs are chasing <u>a rabbit</u> in the forest.

→ ______________________________

____

(3) The scientist discovered a new star <u>10 years ago</u>.

→ ______________________________

____

(4) She <u>looks</u> elegant in that dress.

→ ______________________________

____

2 다음 두 문장을 한 문장으로 바꿔 쓸 때, 빈칸에 알맞은 말을 쓰시오.

(1) Judy is one of my coworkers. She is going to emigrate to Australia.

→ ________, ________ ________ ________ ________, is going to emigrate to Australia.

(2) Mexico City is the capital of Mexico. It is very crowded.

→ ________ ________, ________ ________ ________ ________, is very crowded.

(3) I ran into Ms. Flores. She is my former math teacher.

→ I ran into ________ ________, ________ ________ ________ ________.

Unit 02

도치와 특수 구문

1 도치

- 방향·장소의 부사(구)나 부정어(구)를 강조하기 위해 문장 맨 앞에 쓰면, 주어와 동사의 어순이 바뀌는 도치가 일어난다.

Many cars are passing on the bridge. 많은 차들이 다리 위를 지나고 있다.

→ On the bridge (부사구) are passing (동사) many cars. (주어)

Brad is not only kind but (he is) also handsome. Brad는 친절할 뿐만 아니라 잘생겼다.

→ Not only (부정어구) is (be동사/조동사) Brad (주어) kind but he is also handsome.

She little knew about my childhood. 그녀는 나의 어린 시절에 대해 거의 알지 못했다.

→ Little (부정어) did (do[does/did]) she (주어) know (동사원형) about my childhood.

일반동사일 때 주어와 도치된 동사의 형태에 유의

- 앞서 말한 것에 대해 '~도 또한 그렇다/그렇지 않다'라고 답할 때, 〈so/neither[nor]+동사+주어〉를 쓴다.

I **am** very hungry. – So (so) am (동사) I. (주어) 나는 매우 배고파. – 나도 그래.

He **doesn't like** this movie, and neither[nor] (neither[nor]) do (동사) I. (주어) 그는 이 영화를 좋아하지 않고, 나도 그렇지 않다.

일반동사일 때 do[does/did]를 씀

2 요구·제안을 나타내는 동사의 that절

- '~할 것을 요구[제안]하다'라는 의미는 〈demand[suggest] that+주어(+should)+동사원형〉으로 쓴다.

They demanded that I (should) apologize. 그들은 내가 사과할 것을 요구했다.

I suggest that we (should) do yoga. 나는 우리가 요가를 할 것을 제안한다.

that절(목적어)

오답 노트

주어가 대명사인 경우에는 방향·장소의 부사(구)가 문장 맨 앞에 와도 도치가 일어나지 않는다.

Here ~~comes he~~ (→ he comes).

Here *comes my son.* (○)

문장으로 CHECK UP

>> Answer p.20

A 단어 배열하기

1 그의 손에 작은 녹색 개구리가 앉아 있었다. (a small, sat, frog, green)

In his hand ________________.

2 결코 나는 너의 생일을 잊지 않을 것이다. (I, birthday, forget, your, will)

Never ________________.

3 그들은 그가 그 일자리를 받아들일 것을 요구했다. (the job, demanded, accept, he, that, they)

____

4 나는 휴식을 취하고 싶어. – 나도 그래. (a break, I, to, I, so, want, take, do)

____

5 Violet은 국가가 자신의 역사를 보존할 것을 제안했다.
(preserve, Violet, the country, that, should, its history, suggested)

____

B 빈칸 채우기

1 그는 조금도 다른 사람들을 이해할 수 없었다. (could, understand)

Hardly ______ ______ ______ others.

2 전문가들은 그 도시가 오래된 버스들을 교체할 것을 제안했다. (replace)

Experts suggested that ______ ______ ______ old buses.

3 그 문이 열렸고, 그 선생님이 걸어 들어왔다. (walk)

The door opened, and in ______ ______ ______.

4 그들은 그가 당장 석방될 것을 요구한다. (release)

They demand that ______ ______ ______ ______ immediately.

5 나의 어머니는 한국 출신이 아니고, 나의 아버지도 그렇지 않다. (neither)

My mother is not from Korea, and ______ ______ ______ ______.

C

문장 완성하기

1 침대 아래에 나의 개가 숨었다. (hide)

Under the bed ________________.

2 나는 수영을 매우 잘 할 수 있다. – 나도 그래. (so)

I can swim very well. – ________________

3 그녀는 그들이 그 학교를 닫지 말아야 한다고 요구한다. (close, should)

She demands that ________________.

4 결코 그녀는 그녀의 고향을 다시는 방문하지 않았다. (visit, again, hometown)

Never ________________.

5 그 의사는 그녀가 구두 신는 것을 멈출 것을 제안했다. (stop, suggest, wear heels, that)

____

D

틀린 부분 고쳐 쓰기

1 나는 그가 정직할 것을 요구했다.

I demanded that he is honest.

→ ________________

2 그 복도에 고양이 몇 마리가 서 있었다.

In the hallway was standing some cats.

→ ________________

3 그는 우산을 가지고 있지 않았고, 나도 그렇지 않았다.

He didn't have an umbrella, and so do I.

→ ________________

4 그 전문가는 아이들이 충분한 수면을 취할 것을 제안했다.

The expert suggested that children got enough sleep.

→ ________________

5 나는 전혀 내가 1마일을 수영할 거라고 상상하지 않았다.

Little imagined I that I would swim for one mile.

→ ________________

서술형으로 STEP UP

>> Answer p.20

빈출 유형 조건에 맞게 영작하기

예제 다음 우리말을 〈조건〉에 맞게 영작하시오.

그들은 그 문서가 ❶인쇄돼야 할 것을 요구했다.

조건
- ❷print, demand, document를 활용할 것
- ❸8단어의 완전한 문장으로 쓸 것

→ ______________________________

____

★ 서술형 문제 풀이 과정

❶ '~할 것을 요구하다'
: 〈demand that+주어(+should)+동사원형〉

❷ 종속절의 동사가 '인쇄돼야 한다'이므로 수동태로 쓰기

❸ 8단어로 문장을 완성하였는지 확인하기

TIP should의 생략 여부는 조건에서 제시하는 단어 수를 보고 결정하자!

1 다음 문장을 〈조건〉에 맞게 바꿔 쓰시오.

(1) Tiny birds were sleeping on the rooftop.

조건
- on the rooftop이 문장의 앞으로 오게 할 것

→ ______________________________

(2) August never cleans his room.

조건
- never가 문장의 앞으로 오게 할 것
- 6단어의 완전한 문장으로 쓸 것

→ ______________________________

(3) It was not only cold, but it was also windy.

조건
- not only가 문장의 앞으로 오게 할 것
- 10단어의 완전한 문장으로 쓸 것

→ ______________________________

2 부모님이 나에게 한 말을 전달하는 문장을 〈조건〉에 맞게 완성하시오.

(1) 

Mom

"Don't be rude to others."

조건
- 주어진 말에 나온 표현을 활용하여 쓸 것
- 7단어를 추가하여 문장을 완성할 것

→ My mom demanded that ______________

______________________________.

(2) 

Dad

"Why don't you take a walk every day?"

조건
- 주어진 말에 나온 표현을 활용하여 쓸 것
- 6단어를 추가하여 문장을 완성할 것

→ My dad suggested that ______________

______________________________.

Unit 03

화법 전환

1 평서문과 명령문의 간접화법 전환

● 평서문: 〈say[tell+목적어](+that)+주어+동사〉

Kat said, "I will rest tomorrow." 직접화법 — Kat은 "나는 내일 쉴 거야."라고 말했다.

→ Kat **said** **(that) she would rest the next day.** 간접화법 — Kat은 다음 날 쉬겠다고 말했다.

cf. **간접화법으로 전환 시, 인칭대명사, 시제 등과 더불어 시간·장소를 나타내는 부사도 문맥에 맞게 바꾼다.**

• here → there	• today → that day	• now → at that time, then
• tomorrow → the next day	• yesterday → the day before, the previous day	

● 긍정 명령문: 〈ask[tell, order, advise 등]+목적어+to부정사〉

Timothy said to me, "Text me." — Timothy는 "나에게 문자 해줘."라고 나에게 말했다.

→ Timothy **asked** me **to text him.** — Timothy는 자신에게 문자 해달라고 나에게 부탁했다.

cf. 부정 명령문은 to부정사 앞에 not을 붙여 표현한다.
I told him, "Don't open the window." → I **told** him **not to open** the window.

2 의문문의 간접화법 전환

● 의문사가 있는 의문문: 〈ask(+목적어)+의문사+주어+동사〉

Dad asked me, "Where are you?" — 아빠는 나에게 "너는 어디에 있니?"라고 물어보셨다.

→ Dad **asked** me **where I was.** — 아빠는 나에게 내가 어디에 있는지 물어보셨다.

● 의문사가 없는 의문문: 〈ask(+목적어)+if[whether]+주어+동사〉

The doctor said to me, "Do you exercise?" — 의사는 나에게 "당신은 운동하나요?"라고 말했다.

→ The doctor **asked** me **if[whether] I exercised.** — 의사는 나에게 내가 운동하는지 물었다.

cf. 간접의문문은 의문문이 다른 문장의 주어·보어·목적어로 쓰인 것이다.
I don't know.+Where is the bag? → I don't know **where the bag is.**
Do you know?+Does he live here? → Do you know **if[whether] he lives here**?

출제 포인트

의문문의 간접화법 전환 시 주어와 동사의 어순 및 시제에 주의한다.
Regina asked me, "How old **is he**?"
→ Regina asked me how old ~~is he~~ (→ **he was**).

문장으로 CHECK UP

>> Answer p.20

A 단어 배열하기

1 나는 내 친구에게 내가 늦을 거라고 말했다. (late, be, my friend, I, told, would, I, that)

2 그는 나에게 내가 보통 언제 일어나는지 물었다. (usually, asked, I, when, me, woke up, he)

3 나는 Nathan이 왜 속상해 하는지 알아냈다. (why, was, found out, Nathan, I, upset)

4 나의 아버지는 나에게 내 미래에 대해 생각하라고 충고하셨다.
(think about, me, to, my future, advised, my father)

5 그녀는 그들에게 그들이 스마트폰을 가지고 있는지 물었다.
(them, had, she, if, smartphones, they, asked)

B 빈칸 채우기

1 Anna는 그녀가 이탈리아에 가고 싶다고 말했다. (want)

Anna ______ that ______ ______ ______ go to Italy.

2 Greg은 우리에게 우리가 어떻게 느끼는지 물어봤다. (feel)

Greg asked ______ ______ ______ ______.

3 나는 그가 어젯밤에 무엇을 하고 있었는지 모른다. (do)

I don't know ______ ______ ______ ______ last night.

4 그는 나에게 내가 종종 후식을 먹는지 물어봤다. (eat, often)

He asked ______ ______ ______ ______ ______ dessert.

5 John은 나에게 밤에 노래하지 말라고 말했다. (tell)

John ______ ______ ______ ______ ______ at night.

6 나는 내가 없는 동안 나의 물고기에게 먹이를 주라고 내 여동생에게 부탁했다. (feed)

I've asked my sister ______ ______ ______ ______ while I'm away.

C 문장 완성하기

1 나는 그 여자에게 그녀가 왜 웃고 있는지 물어봤다. (laugh)

I asked the woman ______________________.

2 Jayce는 나에게 그가 컴퓨터를 고칠 수 있다고 말했다. (fix, can, tell)

______________________ the computer.

3 그는 나에게 내가 그녀의 전화번호를 아는지 물어봤다. (ask, know)

______________________ her phone number.

4 그 남자는 우리에게 아무것도 만지지 말라고 말했다. (anything, tell, touch)

____

5 나는 그들이 여기에 올지 궁금하다. (come, will, wonder)

____

D 틀린 부분 고쳐 쓰기

1 경찰은 그 남자에게 움직이지 말라고 명령했다.

The police officer ordered the man don't move.

→ ______________________

2 Rick은 그녀에게 수건들이 어디에 있는지 물었다.

Rick asked her where were the towels.

→ ______________________

3 Elena는 나에게 그녀가 음악에 관심이 있다고 말한다.

Elena tells to me that she is interested in music.

→ ______________________

4 그녀는 내 발들이 아픈지 알고 싶어한다.

She wants to know does my feet hurt.

→ ______________________

5 Mike는 내가 청소하는 것을 돕겠다고 말했다.

Mike told me that he will help me clean up.

→ ______________________

서술형으로 STEP UP

>> Answer p.20

빈출 유형 문장 바꿔 쓰기

예제 다음 문장을 간접화법으로 바꿔 쓰시오.

We ❶said to her❷, ❸"You are invited to the event."

→ We ________ her ________ ________ ________ ________ ________ ________.

TIP 간접화법으로 전환할 때, 인칭대명사, 시제, 시간·장소의 부사뿐만 아니라, 전달동사, 접속사 유무, 어순도 달라질 수 있으므로 주의하자!

★ 서술형 문제 풀이 과정

❶ 평서문일 때, 전달동사 said to는 빈칸 수에 맞게 told로 바꾸기

❷ 쉼표(,)와 인용부호(" ")를 없애고, 접속사 that을 쓰기

❸ that절의 인칭대명사와 시제를 문맥에 맞게 바꾸기

❹ 빈칸 수에 맞게 생략 가능한 부분은 생략하기

1 다음 문장을 간접화법으로 바꿔 쓰시오.

(1) He said, "It will rain tomorrow."

→ He said that ________ ________ ________ ________ ________ ________.

(2) My sister said to me, "Where is my coat?"

→ My sister ________ ________ ________ ________ ________ ________.

(3) Mom told me, "Change your clothes."

→ Mom told ________ ________ ________ ________ ________.

(4) Christopher said to me, "Do not fight with her."

→ Christopher advised me ________ ________ ________ ________ ________.

2 다음 두 문장을 한 문장으로 연결하여 쓰시오.

(1) I have no idea.
Did I win the contest?

→ I have no idea ____________________ ____________________.

(2) Can you tell me?
How far is your house from school?

→ Can you tell me ____________________ ____________________?

3 다음 문장과 의미가 통하도록 문장을 바꿔 쓰시오.

Jim ordered me not to jump.

→ Jim said to me, "________ ________ ________."

기출문제로 WRAP UP

01 우리말과 일치하도록 괄호 안에 주어진 말을 바르게 배열하시오.

(1) 책상 아래에 큰 고양이 한 마리가 누워 있었다.
(was, one, big cat, the desk, lying)
→ Under ______________________________
______________________________.

(2) 나는 그녀가 나에게 거짓말한 것을 절대 용서하지 않을 것이다.
(lying, to, I, forgive, will, her, for, me)
→ Never ______________________________
______________________________.

(3) 나는 네가 왜 한국에 왔는지 궁금하다.
(you, Korea, wonder, came to, I, why)
→ ______________________________
____

02 다음 안내문을 읽고, 본문과 답변에 제시된 표현을 활용하여 빈칸에 알맞은 말을 쓰시오.

> **Busan Coffee Fair**
> - Where: Haeundae Beach, Busan
> - When: May 15

(1) **Q** Do you know __________ __________ __________ __________ __________?
A Yes, I do. The fair takes place at Haeundae Beach, Busan.

(2) **Q** Can you tell me __________ __________ __________ __________?
A The fair is on May 15.

03 주어진 문장을 밑줄 친 부분을 강조하는 문장으로 바꿔 쓰시오.

(1) Carl rode a bicycle last weekend.
→ ______________________________
____

(2) Mary bought clothes at a flea market last Sunday.
→ ______________________________
____

(3) Joseph practiced hard to pass the audition.
→ ______________________________
____

04 다음 두 문장을 한 문장으로 바꿔 쓸 때, 빈칸에 알맞은 말을 쓰시오.

(1) Tom Cruise is my favorite actor. He filmed a new movie.
→ Tom Cruise, __________ __________ __________, filmed a new movie.

(2) She was talking to Chris. He is my swimming instructor.
→ She was talking to __________, __________ __________ __________.

>> Answer p.20

05 다음 중 어법상 틀린 곳을 찾아 문장을 다시 쓰시오. (없으면 '없음'이라고 쓸 것)

(1) There goes he.
(2) Gina has a cat, and so he does.
(3) Here comes the waiter with our food.
(4) Does Kelly know where do you live?

(1) ______________________
(2) ______________________
(3) ______________________
(4) ______________________

06 다음 대화를 읽고, 괄호 안에 주어진 말을 사용하여 밑줄 친 우리말을 영작하시오.

(1)
A I don't use a credit card.
B 나도 그렇지 않아. (neither / 3단어)

→ ______________________

(2)
A 너는 변호사들이 무엇을 하는지 아니? (do, know / 6단어)
B Yes, Mom. Lawyers give legal advice to people.

→ ______________________

(3)
A I want to buy a bigger car.
B 더 큰 차가 항상 더 좋은 건 아니야. (better, always / 7단어)

→ ______________________

07 다음 의사의 조언을 전달하는 문장을 〈조건〉에 맞게 완성하시오.

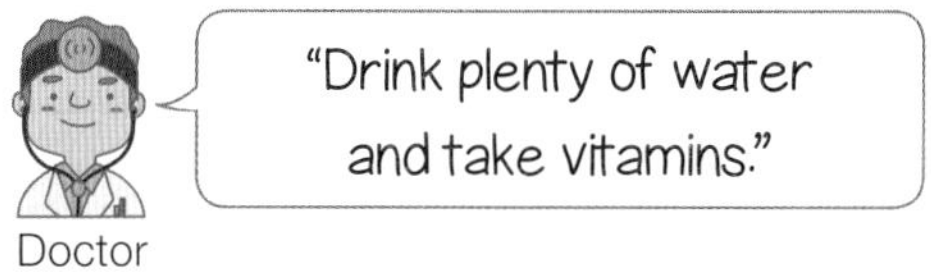

조건
- that절의 주어는 I를 사용할 것
- 주어진 말에 나온 표현을 활용하여 쓸 것
- 8단어를 추가하여 문장을 완성할 것

→ My doctor suggested that ______________ ______________________.

08 다음 문장을 간접화법으로 바꿔 쓰시오.

(1) The man said to me, "Where is the library?"

→ The man ________ ________ ________ ________ ________ ________.

(2) Timothy said to her, "Will you go to the concert?"

→ Timothy ________ her ________ ________ ________ ________ to the concert.

(3) Benjamin said to his son, "Focus on your studies."

→ Benjamin told his son ________ ________ ________ ________ ________.

누적시험으로 LEVEL UP Chapter 08~10

시험일 월 일

점수 / 문항

01 주어진 문장을 밑줄 친 부분을 강조하는 문장으로 바꿔 쓰시오.

(1) This store sold me the TV.

→ ______________________

(2) I think you should forgive him.

→ ______________________

02 다음 빈칸에 공통으로 들어갈 말을 한 단어로 쓰시오.

- I like ________ you're wearing.
- This book is ________ I wanted to read.
- ________ the students said to me was wrong.

→ __________

03 다음 대화를 읽고, 괄호 안에 주어진 말을 사용하여 밑줄 친 우리말을 영작하시오.

A Evan, what do you plan for this summer vacation?

B I want to travel around the country. 내가 십 대가 아니라면, 나는 자동차로 여행을 할 텐데. (by, travel, a teenager)

→ ______________________

____

04 다음 각 문장을 〈조건〉에 맞게 바꿔 쓰시오.

(1) A tiny drop of water is on a leaf.

조건
- on a leaf가 문장의 앞으로 오게 할 것

→ ______________________

(2) Daniel never loses his stuff.

조건
- 부정어가 문장의 앞으로 오게 할 것

→ ______________________

05 다음 각 문장을 가정법은 직설법으로, 직설법은 가정법으로 바꿔 쓰시오. (직설법은 접속사 as를 사용할 것)

(1) As Yejin doesn't have a smartphone, she can't download the app.

→ ______________________

____

(2) As I didn't understand French, I couldn't follow the movie.

→ ______________________

____

(3) If he knew the way, he could help the woman find the place.

→ ______________________

____

06 다음 두 문장을 관계사를 사용하여 한 문장으로 바꿔 쓰시오. (that은 사용하지 말 것)

(1) The house belongs to Ms. Grey. It has a purple door.

→ The house ______________ ______________ belongs to Ms. Grey.

(2) Vancouver is the city. Dr. Gavin was born and raised in that city.

→ Vancouver is the city ______________ ______________.

(3) I have a classmate. His name is the same as mine.

→ I have a classmate ______________ ______________.

07 다음 문장과 의미가 통하도록 문장을 바꿔 쓰시오.

(1) I'm not worried about privacy, so I use social media.
→ If I were worried about privacy, I ______________ social media.

(2) I said to him, "Will you order a cheese pizza?"
→ I asked him ______________ a cheese pizza.

(3) Sam told me not to stand in the middle of the path.
→ Sam said to me, "______________ ______________ in the middle of the path."

[08~09] 다음 우리말을 〈조건〉에 맞게 영작할 때, 빈칸에 알맞은 말을 쓰시오.

08 전기가 없다면, 삶은 불편할 것이다.

조건
- life, electricity, inconvenient를 사용할 것
- 빈칸에 한 단어씩 쓸 것

→ ________ ________, ________ ________ ________ ________.

09 그 학교는 학생들이 교복을 입을 것을 요구했다.

조건
- wear, demand를 활용할 것
- 빈칸에 한 단어씩 쓸 것

→ The school ________ that ________ ________ uniforms.

10 다음 두 문장을 〈조건〉에 맞게 한 문장으로 바꿔 쓰시오.

That's the shopping mall.
I met her at that shopping mall.

조건
- (1)은 관계부사를 사용할 것
- (2)는 관계대명사를 사용할 것

(1) ______________________________

(2) ______________________________

11 다음 중 어법상 틀린 문장을 찾아 번호와 함께 다시 쓰시오.

(1) I wish I could speak Arabic.
(2) I know the reason he wants to get a new job.
(3) My uncle explained the way how he repaired the car.

_______: ______________________________
____

12 우리말과 일치하도록 괄호 안에 주어진 말을 활용하여 문장을 완성하시오.

(1) 네가 복권에 당첨되면 너는 무엇을 할 거니? (win the lottery, do)

→ What ______________________________
______________________________?

(2) 아빠께서는 마치 내가 어린애인 것처럼 나를 대하시지만, 나도 이제 성인이다. (a child, treat)

→ Dad ______________________________
__________, but I'm grown-up now.

13 주어진 문장의 밑줄 친 부분을 바르게 고쳐 쓰시오.

(1) I didn't have breakfast. – So did I.

→ ____________________

(2) Not every students hate exams.

→ ____________________

(3) Never did she felt so embarrassed.

→ ____________________

14 다음 두 문장을 한 문장으로 바꿔 쓸 때, 빈칸에 알맞은 말을 쓰시오.

(1) Bryce is my best friend. He visited me yesterday.

→ Bryce, __________ __________ __________, visited me yesterday.

(2) Do you know? How long is the river?

→ Do you know __________ __________ __________ __________ __________?

(3) I'm not sure. Did he brush his teeth?

→ I'm not sure __________ __________ __________ __________ __________.

[15~16] 다음 우리말을 〈조건〉에 맞게 영작하시오.

15 어제는 내가 나의 프로젝트를 끝낸 날이었다.

조건
- 관계부사를 사용할 것
- finish, the day, yesterday를 활용할 것
- 9단어의 완전한 문장으로 쓸 것

→ ______________________________
____

16 나는 이모가 한 명 있는데, 그녀는 근처에 산다.

조건
- 계속적 용법의 관계대명사를 쓸 것
- an aunt, nearby를 사용할 것
- 7단어의 완전한 문장으로 쓸 것

→ ______________________________
____

17 우리말과 일치하도록 〈조건〉에 맞게 빈칸에 알맞은 말을 쓰시오.

조건
- 괄호 안에 주어진 말을 활용할 것
- 가정법을 사용할 것

(1) 나도 그와 같은 남자 친구가 있으면 좋을 텐데. (like, have)

→ I wish ________ ________ ________ ________ ________ ________.

(2) Nick은 마치 온 학교를 초대했던 것처럼 요리를 하고 있다. (invite)

→ Nick is cooking ________ ________ ________ ________ ________ the entire school.

18 우리말과 일치하도록 괄호 안에 주어진 말을 활용하여 빈칸에 알맞은 말을 쓰시오.

(1) 너는 그가 무엇을 포장하고 있었는지 기억하니? (wrap)

→ Do you remember ________ ________ ________ ________?

(2) 나는 화면이 금 간 스마트폰을 발견했다. (cracked, screen)

→ I found a smartphone ________ ________ ________ ________.

(3) 그 규칙을 어기는 사람 누구든지 처벌받을 것이다. (rule, break)

→ ________ ________ ________ ________ will be punished.

19 다음 두 문장을 한 문장으로 바꿔 쓰시오. (계속적 용법의 관계대명사를 사용할 것)

(1) They stayed at the Plaza Hotel. I recommended it.
→ They stayed at the Plaza Hotel, ________ ________.

(2) My uncle Ross lives in New York. He is a jazz pianist.
→ My uncle Ross, ________ ________, is a jazz pianist.

(3) Laura left for India. This surprised everybody.
→ Laura left for India, ________ ________.

20 다음 각 문장을 간접화법 문장으로 바꿔 쓰시오. (축약형을 사용하지 말 것)

(1) He said to me, "Where would you like to go?"

→ He asked me ________ ________.

(2) She said to me, "I will clean the floor tomorrow."

→ She told me ________ ________.

(3) The police said to him, "Check every room."

→ The police ordered him ________ ________.

MEMO

MEMO

지은이

NE능률 영어교육연구소

NE능률 영어교육연구소는 혁신적이며 효율적인 영어 교재를 개발하고
영어 학습의 질을 한 단계 높이고자 노력하는 NE능률의 연구조직입니다.

쓰기로 마스터하는 중학서술형 〈3학년〉

펴 낸 이 주민홍
펴 낸 곳 서울특별시 마포구 월드컵북로 396(상암동) 누리꿈스퀘어 비즈니스타워 10층
㈜NE능률 (우편번호 03925)
펴 낸 날 2018년 10월 5일 초판 제1쇄
2023년 12월 15일 제10쇄
전 화 02 2014 7114
팩 스 02 3142 0356
홈페이지 www.neungyule.com
등록번호 제1-68호
I S B N 979-11-253-2478-2 53740
정 가 12,000원

NE 능률

고객센터

교재 내용 문의 : contact.nebooks.co.kr (별도의 가입 절차 없이 작성 가능)
제품 구매, 교환, 불량, 반품 문의 : 02-2014-7114
☎ 전화문의는 본사 업무시간 중에만 가능합니다.

최신 중간·기말고사
빈출 서술형 마스터

쓰기로 마스터하는 중학서술형

3학년

정답 및 해설

NE능률 영어교육연구소 지음
신유승 선정아 강동효 은다나

쓰기로 마스터하는 중학서술형

정답 및 해설

CHAPTER

01 문장의 구조

Unit 01 문장의 형식

문장으로 CHECK UP pp. 09~10

A 1 The falling rain sounds pleasant.
2 Strange creatures live in the deep sea.
3 Benjamin brought his parents flowers.
4 The lake becomes an ice rink in winter.
또는 In winter, the lake becomes an ice rink.
5 The dry air makes my eyes itchy.
6 We want to buy your painting.

B 1 teaches visitors history 2 gave his watch to me 3 call him a superstar 4 The park is, place 5 dinner for her family

C 1 keeps his workers busy
2 showed Sarah an expensive car
또는 showed an expensive car to Sarah
3 ask you a question 또는 ask a question of you
4 Your curry smells delicious.
5 My dad gets up early in the morning.

D 1 The farmer grows vegetables and fruits.
2 My parents got me quiet.
3 Benny bought a cup of coffee for Jake.
또는 Benny bought Jake a cup of coffee.
4 The fresh strawberries tasted sweet.
5 They called her a hero.

서술형으로 STEP UP p. 11

예제 His new songs made me excited.

1 (1) His hands felt rough.
(2) My friend made a bracelet for me.
(3) The new semester begins in March.
(4) Greg didn't[did not] give me his number.
또는 Greg didn't[did not] give his number to me.

2 (1) Her shoes became dirty.
(2) My grandparents sent me a gift.
또는 My grandparents sent a gift to me.
(3) I can't[cannot] believe that he's[he is] 70 years old.

Unit 02 5형식 문장

문장으로 CHECK UP pp. 13~14

A 1 He named his hamster "Snowball."
2 Jenny had her hair permed.
3 The couple let the dogs run in the field.
4 Airplanes enable people to travel quickly.
5 My father felt his phone vibrate.

B 1 made him clean 2 wants us to join 3 found the sofa comfortable 4 heard the musician play[playing] 5 expect students to follow 6 helped its baby climb

C 1 I saw Sean score[scoring]
2 The doctor told my father to eat
3 The coach made me practice
4 Bella left her car dirty.
5 I had my tooth pulled out.

D 1 The professor advised the audience to take notes.
2 I let her use my new phone.
3 Nick listened to some people argue[arguing] on the street.
4 The woman asked the waiter to bring more napkins.
5 My friend helped me (to) finish my homework.

서술형으로 STEP UP p. 15

예제 He had the machine fixed

1 (1) watched us take[taking] the test
(2) Her business made her rich.
(3) My parents don't allow me to wear makeup.

2 (1) She wants them to live without pain.
(2) His wife advised him to drink warm milk

기출문제로 WRAP UP pp. 16~17

01 (1) Can you bring me some snacks?
(2) I think that she is an intelligent woman.
(3) My neighbor sang loudly in the middle of the night.
또는 In the middle of the night, my neighbor sang loudly.
(4) Her face turned pale after she heard the news.
또는 After she heard the news, her face turned pale.

02 (1) My uncle bought new sneakers for me.
(2) Please show the house to her friends.
03 (1) Dad likes watching
(2) his friend a letter
(3) me to drink
04 (1) leave the door open
(2) We elected Josh our captain.
(3) I'm[I am] going to have my hair cut
05 (1) so the salesperson gave her a discount
(2) I hear the bell ringing from the temple
(3) told us to wait for a moment
06 (1) terribly → terrible (2) 없음
07 (1) The model had photos taken
(2) made him leave the restaurant
(3) She felt Alex poke[poking] her.
08 (1) hid → hide[hiding] (2) calmly → calm

해설

01 (1) 4형식 문장: 〈주어+수여동사(bring)+간접목적어+직접목적어〉
(2) 3형식 문장: 〈주어+동사+목적어(that절)〉
(3) 1형식 문장: 〈주어+동사〉
(4) 2형식 문장: 〈주어+동사+주격보어(형용사)〉

02 (1) 수여동사 buy는 3형식 문장으로 바꿀 때 전치사 for를 쓴다.
(2) 수여동사 show는 3형식 문장으로 바꿀 때 전치사 to를 쓴다.

03 (1) 3형식 문장: 〈주어+동사+목적어(동명사구)〉
(2) 4형식 문장: 〈주어+수여동사(write)+간접목적어+직접목적어〉
(3) 5형식 문장: 〈주어+order+목적어+to부정사〉

04 (1) leave는 목적격보어로 형용사를 쓴다.
(2) elect는 목적격보어로 명사를 쓴다.
(3) 사역동사 have는 목적어와 목적격보어가 수동 관계일 때 목적격보어로 과거분사를 쓴다.

05 (1) 4형식 문장: 〈주어+수여동사(give)+간접목적어+직접목적어〉
(2) 5형식 문장: 〈주어+지각동사(hear)+목적어+현재분사〉
(3) 5형식 문장: 〈주어+tell+목적어+to부정사〉

06 (1) 주격보어로 부사가 아닌 형용사를 쓴다.

07 (1) 사역동사 have의 목적어와 목적격보어가 수동 관계이므로 목적격보어로 과거분사를 쓴다.
(2) 사역동사 make의 목적어와 목적격보어가 능동 관계이므로 목적격보어로 동사원형을 쓴다.
(3) 지각동사 feel의 목적어와 목적격보어가 능동 관계이므로 목적격보어로 동사원형이나 현재분사를 쓴다.

08 (1) 지각동사 see의 목적어와 목적격보어가 능동 관계이므로 목적격보어로 동사원형이나 현재분사를 쓴다.
(2) 목적격보어로 부사가 아닌 형용사를 쓴다.

CHAPTER 02 시제와 조동사

Unit 01 현재완료와 과거완료

문장으로 CHECK UP

pp. 21~22

A 1 has been five years since I left my hometown
2 had been in the shower when she called
3 I've never seen a real tiger before.
4 Have you ever met anyone famous?
5 Martha has been sleeping for ten hours.
6 Charlie had been working as a server

B 1 has gone to China 2 The fox had been hiding
3 The band has just released 4 has been crying 5 had taken a nap before

C 1 I've[I have] never tried
2 already melted before I brought
3 Halie has been practicing for her speech
4 not returned to port yet
5 I had been waiting for a taxi

D 1 Have you been to Melbourne?
2 The plane has been flying for 12 hours.
3 I've[I have] failed my driving test twice.
4 The sun had been shining when the clouds rolled in.
5 He read this novel last month.

서술형으로 STEP UP

p. 23

예제 (1) has been barking for
(2) has lost his passport

1 (1) My mom has been planting rice for
(2) I've[I have] been looking for my watch since
(3) He had been playing video games for

2 (1) The bus had (already) left
(2) Jennifer has gone to Madrid.
(3) I've[I have] forgotten my password for the website.

Unit 02 조동사

문장으로 CHECK UP

pp. 25~26

A 1 You'd better go before the traffic gets bad. 또는 Before the traffic gets bad, you'd better go.

2 I used to drink milk every morning.
또는 Every morning, I used to drink milk.
3 Would you like to sit down for a while?
4 I'd rather take a walk than stay home.
5 She must have heard the news.
6 You should have come to the concert.

B 1 You could have told me 2 I would rather not answer 3 You can't[cannot] have seen
4 Charles shouldn't have swum 5 Gwen may[might] have gone to

C 1 I'd[I would] like to visit Russia
2 That noise may[might] have been
3 She would[used to] go jogging
4 The raccoon must have eaten my vegetables.
5 I'd[I would] rather not see your friends.

D 1 There was[used to be] a lighthouse over there.
2 It's[It is] raining hard. You'd[You had] better not go out.
3 I'd[I would] rather go to bed than watch the match.
4 The fire can't[cannot] have destroyed all of the documents.
5 We shouldn't[should not] have wasted money when we were young.

서술형으로 STEP UP

p. 27

예제 (1) used to wear
(2) can't[cannot] have understood you

1 (1) would like to study
(2) I shouldn't have asked him
(3) Aliens may[might] have visited

2 She'd better get here soon

기출문제로 WRAP UP

pp. 28~29

01 (1) You had better not watch this video.
(2) I'd like to buy a ticket for Tokyo.
(3) I have watched this movie three times.
(4) I would rather skip a meal than eat junk food.
02 had exercised, ate lunch, have been studying
03 (1) have been drawing a picture for
(2) He had visited New York
(3) used to have
04 (1) had already finished
(2) completed
05 I should have eaten less.
06 She could have gone to the university
07 Rachel can't[cannot] have passed the test.
08 (1) shouldn't have used
(2) He must have forgotten
(3) He may[might] have stolen
09 He used to play the guitar in the band.

해설

01 (1) '~하지 않는 게 낫다': 〈had better not+동사원형〉
(2) '~하고 싶다': 〈would like to+동사원형〉
(3) 경험을 나타내는 현재완료
(4) '…하느니 차라리 ~하겠다': 〈would rather ~ than ...〉

02 현재 시점(3시)에서 운동을 한 것은 점심 먹은 것보다 더 과거이므로 각각 과거완료, 과거로 쓴다. 2시에 공부를 시작하여 현재에도 진행 중이므로 현재완료 진행형을 쓴다.

03 (1) 과거에 시작된 일이 현재에도 진행 중이므로 현재완료 진행형을 쓴다.
(2) 과거에 일어난 일 중 먼저 일어난 일은 과거완료로 쓴다.
(3) 현재와는 다른 과거의 습관이나 상태는 〈used to+동사원형〉으로 쓴다.

04 (1) 과거에 일어난 일 중 먼저 일어난 일은 과거완료로 쓴다.
(2) 과거의 특정 시점을 나타내는 말(yesterday)가 있으므로 과거시제로 쓴다.

05 '~했어야 했는데 (하지 않았다)': 〈should have v-ed〉

06 '~할 수도 있었다': 〈could have v-ed〉

07 '~했을 리 없다': 〈can't[cannot] have v-ed〉

08 (1) '~하지 말았어야 했는데 (했다)': 〈shouldn't have v-ed〉
(2) '~했음이 틀림없다': 〈must have v-ed〉
(3) '~했을지도 모른다': 〈may[might] have v-ed〉

09 현재와는 다른 과거의 습관이나 상태는 〈used to+동사원형〉으로 쓴다.

CHAPTER

03 수동태

Unit 01 수동태

문장으로 CHECK UP

pp. 33~34

A 1 The novel was written by a famous author.
2 The mystery has been solved by scientists.
3 The glass container is filled with a purple liquid.
4 Our field trip was put off by the school.
5 The turkey is being roasted by my mother.
6 The comet can be seen by everyone.

B 1 were attacked by a lion 2 will be given by
3 was being chased by 4 was turned off by
5 is usually made from

C 1 were written down by me
2 The palace is crowded with
3 been proven[proved] by my dad
4 The school will be designed by
5 My hair was being cut by the barber.

D 1 Your desk should be organized before you begin working.
2 The tank was blown up by a rocket.
3 The city was covered with[in] snow after the storm.
4 The assignment hasn't been explained by our teacher.
5 The project is being discussed by his team.

서술형으로 STEP UP

p. 35

예제 The box was dropped off by a delivery person.

1 The floor should[must] be swept every evening. 또는 Every evening, the floor should[must] be swept.

2 My coach was pleased with the result.

3 (1) Space is being filled with trash.
(2) are left in space

Unit 02 4형식/5형식 문장의 수동태

문장으로 CHECK UP

pp. 37~38

A 1 The man was seen breaking the window.
2 New computers were bought for the employees.
3 He was asked to speak louder by the audience.
4 The patients were made to exercise every day by the doctor.
5 The number 4 is considered unlucky in some cultures. 또는 In some cultures, the number 4 is considered unlucky.

B 1 was told to mow 2 is called a genius
3 were kept warm by 4 was sent to the soldier
5 was heard to speak by Cathy

C 1 were allowed to play video games
2 told to Mary by the police
3 He was named the best actor
4 was seen sitting[to sit] on the bench
5 was made to attend the lecture

D 1 The books were found dirty in the storage.
2 I was made to prepare food for a party by my sister.
3 The team was heard singing[to sing] the national anthem.
4 English is taught to the elderly by Ms. Kim.
5 The boxers were forced to stop fighting by the referee.

서술형으로 STEP UP

p. 39

예제 was sent to Lena by Jason

1 (1) was shown some card tricks by me, were shown to my brother by me
(2) have been given a handkerchief by Chris, has been given to me by Chris
(3) can be lent a bike by Susan, can be lent to you by Susan

2 (1) Mr. James was called "Prince Charming" by the viewers.
(2) He is made popular by his personality.
(3) The ducks were seen crossing the street by me.
(4) I was expected to win the election by people.
(5) Jane was made to follow the rule by the teacher.

기출문제로 WRAP UP

pp. 40~41

01 (1) Chicago is called the Windy City.
(2) Tim has been bothered by his nightmares.
(3) The potatoes were being cooked by my father.
(4) Did you know plastic was made from oil?

02 (1) to touch (2) be closed (3) been created
03 (1) was heard laughing[to laugh]
(2) Spanish is spoken in many countries.
(3) The window was painted blue by us.
(4) The orders were carried out by the soldiers.
04 (1) was given some hot soup by me
(2) Some hot soup was given to her by me.
05 (1) was left open (2) were made to stay
(3) We were interested in
06 (1) New energy can be discovered by researchers.
(2) My car was broken into by thieves.
07 (1): I was made to repair the damage.
08 (1) Finn and I were seen holding hands by Paul.
(2) My dog was looked after by my friends.
09 was elected class president

해설

01 (1) 5형식 문장의 목적격보어가 명사일 때는 수동태 문장에서 그대로 쓴다.
(2) 완료형 수동태: have/has been v-ed
(3) 진행형 수동태: be being v-ed
(4) '~로 만들어지다': be made from

02 (1) 목적격보어가 to부정사인 5형식 문장의 수동태
(2) 조동사가 있는 수동태: 조동사+be v-ed
(3) 완료형 수동태: have/has been v-ed

03 (1) 지각동사의 목적격보어로 쓰인 동사원형[현재분사]는 수동태 문장에서 to부정사[현재분사]로 바꾼다.
(2) 행위자가 막연한 일반인일 때 〈by+행위자〉 생략 가능
(3) 5형식 문장의 목적격보어가 형용사일 때는 수동태 문장에서 그대로 쓴다.
(4) 동사구는 하나의 동사처럼 붙여 쓴다.

04 동사 give가 쓰인 4형식 문장의 직접목적어를 수동태 문장의 주어로 할 때, 간접목적어 앞에 전치사 to를 쓴다.

05 (1) 5형식 문장의 목적격보어가 형용사일 때는 수동태 문장에서 그대로 쓴다.
(2) 사역동사의 목적격보어로 쓰인 동사원형은 수동태 문장에서 to부정사로 바꾼다.
(3) '~에 관심이 있다': be interested in

06 (1) 조동사가 있는 수동태: 조동사+be v-ed
(2) 동사구는 하나의 동사처럼 붙여 쓴다.

07 (1) 사역동사의 목적격보어로 쓰인 동사원형은 수동태 문장에서 to부정사로 바꾼다.

08 (1) 지각동사의 목적격보어로 쓰인 현재분사는 수동태 문장에서 그대로 쓴다.
(2) 동사구는 하나의 동사처럼 붙여 쓴다.

09 5형식 문장의 목적격보어가 명사일 때는 수동태 문장에서 그대로 쓴다.

누적시험으로 LEVEL UP

pp. 42~45

CHAPTER 01~03

01 (1) I will play the guitar on her birthday. 또는 On her birthday, I will play the guitar.
(2) Grandma brought me various fruits.
(3) The doctor advised me to avoid direct sunlight.
(4) You should keep silent during the ceremony. 또는 During the ceremony, you should keep silent.
02 must have done her best
03 used to like
04 (1) Jimmy was called a bookworm by his friends.
(2) The tree is being trimmed by the gardener.
(3) was seen running[to run] away
(4) gold medals are made of gold
05 The coffee will help you stay awake at night.
06 (1) How have you been (doing)?
(2) We have not seen each other since last Christmas.
(3) I should have called you.
07 What would you like to be?
08 You shouldn't have eaten so much sweets.
09 has been waiting for the bus for
10 (1) to clean (2) ○ (3) ○
11 (1) I've[I have] been learning Chinese for five years.
(2) Has Ross lost his suitcase?
12 (1) her son wash
(2) me to sleep
(3) my phone ring[ringing]
(4) five dolphins swim[swimming]
13 (1) haven't[have not] been offered the job by them
(2) Sue was asked to join the chess club
(3) My sister was made to translate the letter by me.
(4) The lights of my house can be turned off by this app.
14 better stop using the computer for a while
15 (1) may[might] have seen
(2) can't[cannot] have bought
(3) There used to be many visitors
16 (1) Janet had gone
(2) had been playing for
17 I realized that I had left my passport
18 The street is covered with[in] cherry blossoms in spring.
19 (1): I've been to Barcelona.

또는 I went to Barcelona last year.
(3): You'd better not walk around at night.

해설

01 (1) 3형식 문장: 〈주어+동사+목적어〉
(2) 4형식 문장: 〈주어+수여동사(bring)+간접목적어+직접목적어〉
(3) 5형식 문장: 〈주어+advise+목적어+to부정사〉
(4) 2형식 문장: 〈주어+keep+주격보어(형용사)〉

02 '~했음이 틀림없다': 〈must have v-ed〉

03 현재와는 다른 과거의 습관이나 상태는 〈used to+동사원형〉으로 쓴다.

04 (1) 5형식 문장의 목적격보어가 명사일 때는 수동태 문장에서 그대로 쓴다.
(2) 진행형 수동태: 〈be동사+being v-ed〉
(3) 지각동사의 목적격보어로 쓰인 동사원형[현재분사]는 수동태 문장에서 to부정사[현재분사]로 바꾼다.
(4) '~로 만들어지다'(원형이 남음): 〈be made of〉

05 '~이 …하는 것을 돕다': 〈help+목적어+(to) 동사원형〉

06 (1), (2) 계속을 나타내는 현재완료
(3) '~했어야 했는데 (하지 않았다)': 〈should have v-ed〉

07 '~하고 싶다': 〈would like to+동사원형〉

08 '~하지 말았어야 했는데 (했다)': 〈shouldn't have v-ed〉

09 과거에 시작된 일이 현재에도 진행 중이므로 현재완료 진행형을 쓴다. / 기간 앞에는 전치사 for를 쓴다.

10 (1) '~에게 …하라고 말하다': 〈tell+목적어+to부정사〉
(2) 사역동사 make의 목적어와 목적격보어가 능동 관계이므로 목적격보어로 동사원형을 쓴다.
(3) 동사구의 수동태는 하나의 동사처럼 붙여 쓴다.

11 (1) 현재완료 진행형: 〈have/has been v-ing〉
(2) 현재완료 의문문: 〈Have/Has+주어+v-ed ~?〉

12 (1) '~이 …하게 하다': 〈사역동사(have)+목적어+동사원형〉
(2) '~이 …하는 것을 허락하다': 〈allow+목적어+to부정사〉
(3) '~이 …하는 것을 듣다': 〈지각동사(hear)+목적어+동사원형[현재분사]〉
(4) '~이 …하는 것을 보다': 〈지각동사(see)+목적어+동사원형[현재분사]〉

13 (1) 완료형 수동태: 〈have/has been v-ed〉 / 4형식 문장의 간접목적어를 주어로 하는 수동태 문장에서는 직접목적어 앞에 전치사를 쓰지 않는다.
(2) 5형식 문장의 목적격보어가 to부정사일 때는 수동태 문장에서 그대로 쓴다.
(3) 사역동사의 목적격보어로 쓰인 동사원형은 수동태 문장에서 to부정사로 바꾼다.
(4) 동사구는 하나의 동사처럼 붙여 쓴다.

14 '~하는 게 좋겠다': 〈had better+동사원형〉

15 (1) '~했을지도 모른다': 〈may[might] have v-ed〉
(2) '~했을 리 없다': 〈can't[cannot] have v-ed〉
(3) '~하곤 했다': 〈used to+동사원형〉

16 (1) Janet이 집에 간 것이 내가 파티에 도착한 것보다 더 이전에 일어난 일이므로 과거완료 시제를 쓴다.
(2) 파티에 도착했을 때보다 전에 시작된 일이 진행 중이었으므로 과거완료 진행형을 쓴다.

17 과거에 일어난 일 중 먼저 일어난 일은 과거완료로 쓴다.

18 '~로 덮여 있다': 〈be covered with[in]〉

19 (1) 현재완료는 과거의 특정 시점을 나타내는 말과 함께 쓰지 않는다.
(3) had better의 부정: 〈had better not〉

CHAPTER
04 to부정사

Unit 01 to부정사의 명사적 용법

문장으로 CHECK UP pp. 49~50

A 1 It is important to learn from mistakes.
2 Emily likes to surf in the ocean.
3 Our hope is to open our own restaurant.
4 I found it difficult to read Arabic.
5 This travel magazine explains what to see in that country.
6 It is natural for parents to love their children.

B 1 it possible to fool 2 when I should leave
3 is to make friends 4 It was kind of him
5 where to send the package

C 1 My plan is to major
2 exciting to go skydiving
3 It's[It is] normal for bears to hibernate
4 It was foolish of us to waste time.
5 I want to learn how to use chopsticks. 또는 I want to learn how I should use chopsticks.

D 1 It's[It is] helpful to cry when you feel sad.
2 Your job is to plant herbs in the pots.
3 It was thoughtful of you to give us a call.
4 Have you decided who(m) to invite to your party?
5 It was easy for him to attract people's attention.

서술형으로 STEP UP p. 51

예제 It is necessary for her to take this medicine.

1 (1) It was rude of them to yell at you.
(2) She wrote down what to put in her suitcase.

2 It was boring to watch the movie.

Unit 02 형용사적 · 부사적 용법과 주요 구문

문장으로 CHECK UP pp. 53~54

A 1 You have the ability to complete the task.
2 The student was too lazy to do his homework.
3 My wallet is small enough to fit in my pocket.
4 Pamela prepared some paper to write on.
5 She worked hard in order to manage her business. 또는 In order to manage her business, she worked hard.
6 She seems to know what to do after graduation.

B 1 They seem to have 2 so as to get on
3 warm enough to go swimming 4 too complicated, to follow 5 a friend to travel with

C 1 is hard to understand
2 to[in order to, so as to] see my favorite singer
3 The boy grew up to be[become] a firefighter.
4 That movie is so scary that I can't[cannot] watch it.
5 The girls were brave enough to feed the elephant.

D 1 It seems that they have a lot of money.
2 This taxi is fast enough to catch the bus.
3 She was pleased to receive the message.
4 My grandmother is too old to go snowboarding.
5 My daughter needs a toy to play with.

서술형으로 STEP UP p. 55

예제 was too short to ride it

1 rich enough to buy the car

2 in order to save my pocket money

Unit 03 to부정사 vs. 동명사

문장으로 CHECK UP pp. 57~58

A 1 I want to continue working until age sixty.
2 The cat tried to jump onto the tree.
3 I spent five years completing college.
4 My family decided to order Chinese food.
5 Donna should quit eating fast food.
6 Remember to put sunscreen on your face.

B 1 didn't feel like cleaning 2 Jessica needed to use 3 I finished writing a report
4 began to cry 5 He had trouble finding

C 1 Ramon started cooking[to cook]
2 My mother hopes to retire
3 She gave up explaining the program
4 Gabrielle remembers eating pizza in Chicago.
5 They stopped to talk to the tour guide.

D 1 She forgot to turn off the light in her room.
2 Samantha keeps making the same mistakes.
3 That book is long, but it's[it is] worth reading.

4 Did you expect to get a good grade on the test?

5 He loves sleeping[to sleep] late on Saturday mornings.

서술형으로 STEP UP

p. 59

예제 (1) to charge (2) being

1 (1) feeling (2) watching (3) driving (4) to go

2 (1) eating (2) to walk

3 (1) dancing (2) (on) chatting (3) to stay

기출문제로 WRAP UP

pp. 60~61

01 (1) goes to the gym so as to exercise
(2) These pants are too small to wear.
(3) Ben feels like finding somebody to talk to.

02 (1) read → to read
(2) for her → of her
(3) stop → to stop

03 (1) seems to be the problem
(2) When did you start to feel

04 (1) to[in order to, so as to] stop her from crying
(2) how to turn on this computer
(3) Don't[Do not] forget to order the cake

05 (1) too dangerous for her to visit
(2) it interesting to fly

06 (1) was strong enough to break
(2) confusing that I couldn't

07 (1) It is important to reduce energy use.
(2) It is not easy for us to predict the future.

08 (1) It seemed that, influenced
(2) so comfortable that I can
(3) when you should arrive

해설

01 (1) '~하기 위해서': 〈so as to-v〉
(2) '…하기에 너무 ~하다': 〈too+형용사/부사+to-v〉
(3) '~하고 싶다': 〈feel like v-ing〉 / to부정사가 수식하는 대명사(somebody)가 전치사의 목적어이므로 전치사를 to부정사 뒤에 쓴다.

02 (1) 형용사(boring)을 수식하는 부사적 용법의 to부정사
(2) 사람의 성격 · 성품을 나타내는 형용사(careless)가 보어이므로 의미상 주어로 〈of+목적격〉을 쓴다.
(3) 동사 promise는 목적어로 to부정사를 쓴다.

03 (1) '~인 것 같다': 〈seem to-v〉
(2) 동사 start는 목적어로 to부정사와 동명사를 모두 쓸 수 있지만 남은 빈칸이 2개이므로 to부정사를 쓴다.

04 (1) '~가 …하는 것을 막다': 〈stop+목적어+from v-ing〉
(2) '어떻게 ~하는지': 〈how to-v〉
(3) '~할 것을 잊다': 〈forget to-v〉

05 (1) '…하기에 너무 ~하다': 〈too+형용사/부사+to-v〉 / 의미상 주어(for[of]+목적격)은 to부정사 앞에 쓴다.
(2) 가목적어 it과 진목적어 to부정사구

06 (1) '…할 만큼 충분히 ~하다': 〈형용사+enough to-v〉
(2) '너무 ~해서 …할 수 없었다': 〈so+형용사+that+주어+couldn't+동사원형〉

07 (1) 가주어 It과 진주어 to부정사구
(2) 가주어 It과 진주어 to부정사구 / 의미상 주어(for[of]+목적격)은 to부정사 앞에 쓴다.

08 (1) 〈주어+seemed to-v〉는 〈It seemed that+주어+동사의 과거형〉으로 바꿔 쓸 수 있다.
(2) 〈형용사+enough to-v〉는 〈so+형용사+that+주어+can[could]+동사원형〉으로 바꿔 쓸 수 있다.
(3) 〈의문사+to-v〉는 〈의문사+주어+should+동사원형〉으로 풀어 쓸 수 있다.

CHAPTER

05 분사

Unit 01 분사

문장으로 CHECK UP

pp. 65~66

A 1 My brother said the directions were confusing.
2 I was shocked to see the injured people.
3 They sprayed water on the burning building.
4 I visited the house built by my grandparents.
5 A research team heard dolphins whistling.
6 The two people dancing on the stage look graceful.

B 1 his teeth checked 2 was touching, was bored 3 The amazed boy tripped
4 flying[fly] over the mountain 5 The woman sat listening to

C 1 fix his broken toy
2 The dress delivered, me disappointed
3 The books kept on this shelf
4 Emily wanted to forget the embarrassing situation.
5 I watched scientists launching[launch] a rocket.

D 1 Throw away the burned[burnt] toast.
2 The birds sat in the tree singing together.
3 The TV show hosted by that comedian is interesting.
4 Her parents were surprised at her new hairstyle.
5 The boy shaking hands with the actors is my brother.

서술형으로 STEP UP

p. 67

예제 (1) The girl playing chess
(2) He kept people amused

1 (1) find the lost princess
(2) that boy waving at us
(3) I'm[I am] reading a novel written

2 (1) a man walking[walk] towards me
(2) I was embarrassed.

Unit 02 분사구문

문장으로 CHECK UP

pp. 69~70

A 1 Hearing the doorbell, my dog always barks.
2 Sam waited for his friend with his legs crossed. 또는 With his legs crossed, Sam waited for his friend.
3 Broken in half, the sculpture was worthless.
4 There being an objection, the meeting didn't end.
5 Not living near my parents, I can't see them often.

B 1 It being midnight 2 with the TV turned on
3 Created by a doctor 4 Not arriving in time
5 Hanging up the phone 6 The rain pouring, my laundry

C 1 calling my name
2 Not knowing her appearance
3 (Being) Exhausted, he fell asleep
4 Ross played the cello with his eyes closed. 또는 With his eyes closed, Ross played the cello.
5 Shopping at the store, they saw their neighbor.

D 1 The weather being fine, we went for a picnic.
2 All things (being) considered, the party was a success.
3 Not making any mistakes, I felt proud of myself.
4 She knitted with the cat sleeping on her lap.
5 Turning off his computer, he started to stretch his body.

서술형으로 STEP UP

p. 71

예제 (1) Walking in the park, we drank coffee.
(2) Not having a pen, he couldn't take notes.

1 (1) his dog running beside him
(2) Not driving a car
(3) Surprised at the results
(4) Her hair being short, people

2 (1) Walking down the hallway
(2) Joining this club

기출문제로 WRAP UP

pp. 72~73

01 (1) Amy found the sound very annoying.
(2) This rainy weather makes me depressed.

02 (1) Finishing cooking
(2) Not having any plans
(3) (Being) Served with ice cream
03 (1) touching (2) disappointed
04 with my legs covered
05 (1) The finished product, amazing
(2) He is satisfied with
06 with fans cheering for me
07 (1) Dancing with my brother
(2) Not knowing what to do
(3) stopping, a rainbow appeared
08 (1) Winning the game, you will be
(2) I peeled a potato with the water running.
09 (1) taking us to City Hall
(2) damaged in the flood
(3) containing fresh fruit
(4) a big company employing 400 people
10 (1) parking → parked
(2) Been → Being
(3) Leaving → (Being) Left

해설

01 (1) 목적어(the sound)가 감정을 일으키므로 목적격보어는 현재분사
(2) 목적어(me)가 감정을 느끼므로 목적격보어는 과거분사

02 (2) 분사구문의 부정은 분사 앞에 not을 쓴다.
(3) 수동형 분사구문에서 주로 being은 생략하고 과거분사만 쓴다.

03 (1) 수식하는 대상(film)이 감정을 일으키므로 현재분사
(2) 서술하는 대상(The team)이 감정을 느끼므로 과거분사

04 명사(my legs)와 분사가 수동 관계이므로 과거분사

05 (1) 수식하는 대상(product)와 수동 관계이므로 과거분사 / 서술하는 대상(product)가 감정을 일으키므로 현재분사
(2) 서술하는 대상(He)가 감정을 느끼므로 과거분사

06 '~가 …한/된 채로'라는 의미는 〈with+(대)명사+분사〉로 쓸 수 있으며, 명사(fans)와 분사가 능동 관계이므로 현재분사를 쓴다.

07 (2) 분사구문의 부정은 분사 앞에 not을 쓴다.
(3) 부사절과 주절의 주어가 다를 땐 주어를 생략하지 않는다.

08 (2) 〈with+(대)명사+분사〉에서 (대)명사와 분사가 능동 관계이므로 현재분사를 쓴다.

09 (1) 수식하는 대상(The bus)와 능동 관계이므로 현재분사
(2) 수식하는 대상(The fence)와 수동 관계이므로 과거분사
(3) 수식하는 대상(a basket)과 능동 관계이므로 현재분사
(4) 수식하는 대상(company)와 능동 관계이므로 현재분사

10 (1) 수식하는 대상(the car)와 수동 관계이므로 과거분사
(2) 주절의 주어(he)와 능동 관계이므로 현재분사
(3) 주절의 주어(the baby)와 수동 관계이므로 과거분사

CHAPTER 06 비교

Unit 01 비교 구문

문장으로 CHECK UP
pp. 77~78

A 1 Seoul is the largest and busiest city
2 My dress looks much more beautiful than hers.
3 My grandmother can't cook as well as she used to.
4 Hermione is the most intelligent student of the three.
5 Buying online is less expensive than buying from stores.

B 1 not so cold as 2 uses the most energy
3 as politely as his father 4 Who is the most talented person 5 is much stronger than James

C 1 lived (the) longest in the world
2 He prefers driving to
3 Donna is the most reliable friend
4 much[a lot, far] more serious than I imagined
5 She wrote as many plays as Shakespeare (did).

D 1 This sofa is much[far, a lot] softer than I thought.
2 The train isn't[is not] as[so] comfortable as the bus.
3 We picked the most memorable scene from the film.
4 He could swim better than his teammates.
5 I prefer studying alone to studying with friends.

서술형으로 STEP UP
p. 79

예제 (1) He walks as slowly as my grandfather.
(2) My dog is more active than my cat.

1 (1) We visited the smallest country
(2) The book was far more interesting than

2 It was better than I expected.

Unit 02 여러 가지 비교 표현

문장으로 CHECK UP
pp. 81~82

A 1 The more I ate, the worse I felt.

2 He finished his work as quickly as possible.
3 The days get hotter and hotter in summer.
또는 In summer, the days get hotter and hotter.
4 It is one of the tallest mountains in Korea.
5 Make the letters three times darker than this.
6 This pumpkin is heavier than any other crop on the farm.

B 1 No other animal, as[so] fast as 2 got more and more upset 3 The more we talked, the more we 4 one of the smartest people
5 looks twice as big as

C 1 be as helpful as possible 또는 be as helpful as I can
2 the colder my coffee became
3 other city in Japan is more famous
4 Stars shone brighter and brighter.
5 Ski jumping is one of the most dangerous sports.

D 1 As the interview began, he got more and more nervous.
2 We made the classroom as clean as we could.
또는 We made the classroom as clean as possible.
3 The newly developed cloth is six times as thin as the last one.
4 This is one of the most expensive cars in the world.
5 Hapuna Beach is more beautiful than any other beach in Hawaii.

서술형으로 STEP UP

p. 83

예제 (1) The more you experience, the wiser you become
(2) She stayed up as late as possible

1 (1) more valuable than time
(2) is as[so] big as
(3) deeper than any other ocean

2 (1) got louder and louder
(2) one of the oldest houses
(3) the better I can see

기출문제로 WRAP UP

pp. 84~85

01 (1) Swamps are twice as humid as deserts.
(2) We need the tallest person to reach the book. 또는 To reach the book, we need the tallest person.
(3) suggested the most creative answer in the contest
02 I run faster than any other student
03 (1) The more you travel, the more you see
(2) as quietly as you can
04 (1) earlier and earlier
(2) as[so] late as
05 (1) Mike is as sociable as his brother.
(2) Lucy is the most thoughtful child of the three.
06 (1) the great → the greater
(2) painting → paintings
(3) comedians → comedian
또는 any other → other
07 No other character is as[so] strong as
08 You must hit the ball as accurately as possible.
09 (1) three times more expensive than
(2) as soon as I can
(3) more delicious than any
(4) The lower, the more satisfied
10 less safe than a helmet

해설

01 (1) '…의 몇 배로 ~한': 〈배수사+as+형용사의 원급+as〉
(2) '가장 ~한': 〈the+형용사의 최상급〉
(3) 최상급 뒤에 전치사 in을 써서 비교 범위를 나타낼 수 있다.

02 '다른 어떤 ~보다 …하다': 〈비교급+than any other+단수명사〉

03 (1) '~할수록 더 …하다': 〈the+비교급 ~, the+비교급 ...〉
(2) '가능한 한 ~하게': 〈as+부사의 원급+as+주어+can[could]〉

04 (1) 일출 시간이 점점 더 빨라지므로 〈비교급+and+비교급〉
(2) '…만큼 ~하지 않은': 〈not as[so]+형용사의 원급+as〉

05 (1) '…만큼 ~한': 〈as+형용사의 원급+as〉
(2) '가장 ~한': 〈the+형용사의 최상급〉

06 (1) '~할수록 더 …하다': 〈the+비교급 ~, the+비교급 ...〉
(2) 〈one of the+최상급〉 뒤에는 복수명사를 쓴다.
(3) 〈비교급+than any other〉 뒤에는 단수명사를 쓴다.

07 '다른 어떤 ~도 …만큼 ~하지 않다': 〈No other+단수명사 ~ as[so]+원급+as〉

08 '가능한 한 ~하게': 〈as+부사의 원급+as possible〉

09 (1) 〈배수사+as+원급+as〉 = 〈배수사+비교급+than〉
(2) 〈as+원급+as possible〉 = 〈as+원급+as+주어+can[could]〉
(3) 최상급 표현: 〈비교급+than any other+단수명사〉
(4) '~할수록 더 …하다': 〈the+비교급 ~, the+비교급 ...〉

10 대화의 흐름상 '모자는 헬멧보다 덜 안전하다'가 적절하며, 이는 〈less+원급+than〉으로 표현한다.

CHAPTER 07 접속사

Unit 01 부사절을 이끄는 접속사

문장으로 CHECK UP

pp. 89~90

A **1** Because her father told a joke, she laughed. 또는 She laughed because her father told a joke.
2 She stood up so that she could see better.
3 It was such a great song that everyone danced.
4 It is so cold that my dog won't go outside.
5 Do your best, and you will achieve your goal.

B **1** while Diana prefers fruit **2** or your team will lose **3** Although[Though] she likes sports **4** That's why I feel nervous **5** will go to, if he passes **6** so tired that they can't[cannot]

C **1** If you're[you are] less than 20 years old
2 Read funny stories, and you'll[you will]
3 as soon as she finishes her homework
4 Don't[Do not] play the drums while she's[she is] sleeping. 또는 While she's[she is] sleeping, don't[do not] play the drums.
5 The flowers were so pretty that I took a picture of them.

D **1** She is a successful business person. That's[That is] why she is rich.
2 I spoke quietly so that I wouldn't disturb anyone.
3 Use less plastic, or the pollution will be worse.
4 When my parents arrive, I will order more food.
5 You can't go into the pool unless you wear a swimsuit. 또는 You can't go into the pool if you don't[do not] wear a swimsuit.

서술형으로 STEP UP

p. 91

예제 Mia is so angry that she won't speak to me.

1 (1) so much that
(2) so that he can/will

2 When Sally visits me tomorrow, I will talk with her.

3 (1) Drink water now, or
(2) Follow the directions, and
(3) Listen to her carefully, or
(4) Bring your own bag, and

Unit 02 명사절을 이끄는 접속사와 상관접속사

문장으로 CHECK UP

pp. 93~94

A **1** I heard that the company would use drones
2 I will both cook food and wash the dishes.
3 She brought not only a cake but also cookies.
4 Their plan is very simple but challenging.
5 Reporters as well as the mayor are attending the lecture.

B **1** Both, and, are angry at **2** Neither, nor, is clean **3** agree that, was long and boring **4** but also drawing pictures **5** if[whether] the rumor is true **6** to either meet, or stay

C **1** (that) she's[she is] good at speaking and writing English
2 was neither funny nor exciting
3 both taking a walk and seeing an exhibition
4 Either you or your friend is lying.
5 The teacher as well as the students likes the actor.

D **1** Both Sandy and Bell write down their spending every day.
2 The dog is not only barking but also wagging its tail.
3 You can wear (either) pants or a skirt.
4 Table tennis as well as baseball is my favorite sport. 또는 Not only baseball but also table tennis is my favorite sport.
5 I'm sure (that) I left my phone on the table.

서술형으로 STEP UP

p. 95

예제 Not only Eric but also his friends walk to school.

1 (1) Both Benny and Tim work
(2) either green or blue
(3) Neither my wife nor I

2 (1) Neither Chinese nor Japanese
(2) Not only Steve but also I, I as well as Steve

기출문제로 WRAP UP

pp. 96~97

01 so, that
02 The shows as well as the producer are famous.
03 Keep practicing, or you can't[cannot] become a great dancer.

04 (1) Golf is popular not only in Korea but also in America.
(2) Not only the woman but also her children have red hair.
05 Both, and, are / Neither, nor, is
06 (1) After my plane lands in an hour, I'll[I will] give you a call.
(2) Josh is so clever that he always gets perfect scores.
(3) Please deliver my clothes quickly so that I can wear them tomorrow.
(4) Both horses and cheetahs are fast.
07 While I wanted to go to the amusement park, my parents wanted to rest at home.
또는 My parents wanted to rest at home while I wanted to go to the amusement park.
08 (1) Unless it rains
(2) books as well as from people
09 (1) Are you sure (that) the man is Chris?
(2) That's[That is] because the food is cheap and delicious.
(3) Either the Nile or the Amazon is the longest river.

해설

01 '너무 ~해서 …하다': 〈so+형용사/부사+that+절〉

02 'A뿐만 아니라 B도': 〈not only A but also B〉 = 〈B as well as A〉 / B에 동사의 수 일치

03 '~해라, 그러지 않으면 …': 〈명령문, or+절〉

04 (2) 〈not only A but also B〉는 B에 동사의 수를 일치시킨다.

05 'A와 B 둘 다': 〈Both A and B〉 / 복수 취급
'A도 B도 아닌': 〈Neither A nor B〉 / B에 동사의 수 일치

06 (1) '~한 후에': 〈after+절〉 / 시간을 나타내는 부사절에서는 미래를 나타내더라도 현재시제로 쓴다.
(2) '너무 ~해서 …하다': 〈so+형용사/부사+that+절〉
(3) '~하기 위해': 〈so that+절〉
(4) 'A와 B 둘 다': 〈Both A and B〉 / 복수 취급

07 '~하는 반면에': 〈while+절〉 / 부사절이 주절 앞에 올 때는 쉼표(,)를 써준다.

08 (1) '~이 아니라면': 〈Unless+절〉 / 조건을 나타내는 부사절에서는 미래를 나타내더라도 현재시제로 쓴다.
(2) 'A뿐만 아니라 B도': 〈B as well as A〉

09 (1) '~라는 것'이라는 명사절을 이끄는 접속사는 that이며, 목적어일 때 생략 가능하다.
(2) 뒤 문장이 원인이므로 〈That's because+절〉을 쓴다.
(3) 'A와 B 중 하나': 〈Either A or B〉 / B에 동사의 수 일치

누적시험으로 LEVEL UP

pp. 98~101

CHAPTER 04 ~ 07

01 (1) It is not easy to change old habits.
(2) Do you know whom to call in emergency situations?
(3) This lecture is too difficult to understand.
02 (1) Both, and (2) Not only (3) Neither, nor
03 for students to watch[see]
04 (1) until (2) since (3) While
05 Remember to bring your own watch.
06 (1) She was standing with her arms crossed.
(2) Tom drove his car with his father sitting in the back seat.
07 Apply this cream to your skin, and your sunburn will get better.
08 (1) so big that I can't[cannot] wear
(2) French as well as English
09 (1) spent three hours (on) baking
(2) is worth buying
10 (1) The girl riding a bike
(2) the melted butter
(3) Walking down the street
11 (1) fallen → falling[fall]
(2) shock → shocking
(3) are → is
12 (1) Not understanding the rules, I couldn't play the game.
(2) Sue being ill, her family stayed home all day.
13 Come as soon as possible
14 (1) was rude of him to leave
(2) one of the most diligent students
15 (1) to do (2) to return (3) ○
16 (1) so exhausted that she fell asleep
(2) though[although] it was raining hard
(3) She asked if[whether] the children had
17 (1) funnier than
(2) as[so] funny as Miranda
(3) funnier than any other girl
18 (2): If the bus is late, we will take a taxi.
(3): I'm looking forward to seeing you this summer.
19 (1) The more we share, the better the world becomes.
(2) using plastic bags in order to protect

해설

01 (1) 가주어 It과 진주어 to부정사구
(2) '누구를 ~할지': 〈whom to-v〉
(3) '…하기에 너무 ~하다': 〈too+형용사/부사+to-v〉

02 (1) 'A와 B 둘 다': 〈Both A and B〉
(2) 'A뿐만 아니라 B도': 〈Not only A but also B〉
(3) 'A도 B도 아닌': 〈Neither A nor B〉

03 '…하기에 너무 ~하다': 〈too+형용사/부사+to-v〉 / to부정사의 의미상 주어는 to부정사 앞에 〈for[of]+목적격〉으로 쓴다.

04 (1) '~할 때까지': 〈until+절〉
(2) '~하기 때문에': 〈since+절〉
(3) '~인 반면에': 〈While+절〉

05 '~할 것을 기억하다': 〈Remember to-v〉

06 (1) 명사(her arms)와 분사가 수동 관계이므로 과거분사
(2) 명사(his father)와 분사가 능동 관계이므로 현재분사

07 〈If ~, 주어+will ...〉 = 〈명령문, and ...〉

08 (1) 〈too+형용사+to-v〉 = 〈so+형용사+that+주어+can't[couldn't]+동사원형〉
(2) 〈not only A but also B〉 = 〈B as well as A〉

09 (1) '~하는 데 시간/돈을 쓰다': 〈spend+시간/돈+(on) v-ing〉
(2) '~할 가치가 있다': 〈be worth v-ing〉

10 (1) 수식하는 대상(The girl)과 능동 관계이므로 현재분사
(2) 수식하는 대상(butter)와 수동 관계이므로 과거분사
(3) 시간을 나타내는 분사구문

11 (1) 비가 지붕에 '떨어지는'이라는 능동·진행의 의미이므로 현재분사 (지각동사 hear의 목적격보어이므로 동사원형도 가능)
(2) 목적어(the results)가 감정을 일으키므로 목적격보어는 현재분사
(3) 〈Neither A nor B〉는 B에 동사의 수를 일치

12 (1) 분사구문의 부정은 분사 앞에 not을 쓴다.
(2) 부사절과 주절의 주어가 다를 땐 주어를 생략하지 않는다.

13 '가능한 한 ~하게': 〈as+부사의 원급+as possible〉

14 (1) 사람의 성격·성품을 나타내는 형용사(rude)가 보어이므로 의미상 주어로 〈of+목적격〉을 쓴다.
(2) '가장 ~한 것 중 하나': 〈one of the+최상급+복수명사〉

15 (1) 형용사 역할을 하는 to부정사
(2) '~할 것을 잊다': 〈forget to-v〉
(3) '~하기 위해': 〈so that+절〉

16 (1) '너무 ~해서 …하다': 〈so+형용사+that+절〉
(2) '비록 ~이지만': 〈though[although]+절〉
(3) '~인지 (아닌지)': 〈if[whether]+절〉

17 '가장 ~한': 〈the+최상급〉
= 〈부정 주어 ~ 비교급+than〉
= 〈부정 주어 ~ as[so]+원급+as〉
= 〈비교급+than any other+단수명사〉

18 (2) 조건을 나타내는 부사절에서는 미래를 나타내더라도 현재시제로 쓴다.

(3) '~하기를 고대하다': 〈look forward to v-ing〉

19 (1) '~할수록 더 …하다': 〈the+비교급 ~, the+비교급 ...〉
(2) '~하는 것을 멈추다': 〈stop v-ing〉 / '~하기 위해서': 〈in order to-v〉

CHAPTER 08 가정법

Unit 01 가정법 과거와 가정법 과거완료

문장으로 CHECK UP

pp. 105~106

A **1** If he were here, he would solve the problem.
2 If I had seen you, I would have said hello.
3 If I knew her phone number, I could call her.
4 If we had run faster, we might have caught the bus.
5 If Olivia were not tired, she would come with us.

B **1** went to, would search for **2** If I had, could build **3** you wouldn't have been late
4 were not, could be **5** hadn't brought, would have gotten[got]

C **1** If it weren't[were not] windy, I would go
2 If I hadn't[had not] given, you would have gotten[got] lost
3 If I were a superhero, I could travel fast.
4 If Harry had saved his money, he might have bought a bicycle.
5 If they understood English, they could enjoy this talk show.

D **1** If my father had time, he would come to my soccer game.
2 If she had been born 100 years ago, she could have been a queen.
3 If John lived nearby, we could visit him.
4 If Jessica had worn a sweater, she wouldn't[would not] have caught a cold.
5 If I were good at math, I would help you with your homework.

서술형으로 STEP UP

p. 107

예제 knew my grades, I could apply for a scholarship

1 (1) I'm[I am] not rich, I can't[cannot] help many people in need
(2) I didn't[did not] study hard, I couldn't[could not] pass the exam

2 (1) Sam spoke Chinese, he could work in Beijing
(2) she had eaten breakfast, she wouldn't[would not] have felt hungry

Unit 02 I wish/as if/without 가정법

문장으로 CHECK UP

pp. 109~110

A **1** I wish I were older than my brother.
2 Juho talked as if he had won the lottery.
3 I wish they had taken me to Hawaii.
4 My coworker acts as if she were my boss.
5 Without this program, your computer might have gotten a virus.

B **1** I wish I could feed **2** as if he had hurt
3 I wish I lived close to **4** Without, could have been **5** looks as if, had waited **6** Without, would be difficult

C **1** as if nothing had happened
2 you hadn't[had not] taken the bus
3 as if you were satisfied with
4 I wish I were a famous announcer.
5 Without her teacher, she couldn't[could not] learn Spanish.

D **1** I wish he were my boyfriend.
2 She talks as if she were a scientist.
3 I wish I could go to South America with you.
4 Without the Internet, we couldn't[could not] have bought the clothes online.
5 I felt as if I weren't[were not] sick.

서술형으로 STEP UP

p. 111

예제 I wish I were a teacher.

1 (1) He behaves as if I didn't[did not] exist.
(2) Without exams, I wouldn't[would not] have studied.
(3) I wish you had joined our club.
(4) She drives as if she were a car racer.

2 (1) Without my dog, would have been
(2) as if she were happy
(3) I could be with you

기출문제로 WRAP UP

pp. 112~113

01 (1) (a) were (b) could
(2) (a) had left (b) could have gotten[got]
02 (1) could do the housework
(2) If you had called me
(3) I had gone to college
03 (1) I wish I were
(2) he were an athlete

04 (1) If I met them, I would ask
(2) she acts as if she had
05 couldn't contact, had brought
06 If they hadn't[had not] started, might have lived
07 (1) she didn't[did not] read the report, she couldn't[could not] join the conversation
(2) Ryan is greedy, people don't[do not] like him
08 Without water, nothing could survive
09 I wish I had bought
10 If I weren't[were not] a doctor, I would work

해설

01 (1) 현재 사실과 반대되는 상황을 가정하므로 가정법 과거
(2) 과거 사실과 반대되는 상황을 가정하므로 가정법 과거완료

02 (1) 현재 사실과 반대되는 상황을 가정하므로 가정법 과거
(2) 과거 사실과 반대되는 상황을 가정하므로 가정법 과거완료
(3) 과거 사실에 대한 유감·아쉬움을 나타내므로 〈I wish + 가정법 과거완료〉

03 (1) 현재 사실에 대한 유감·아쉬움을 나타내므로 〈I wish + 가정법 과거〉
(2) 주절의 시제와 일치하는 때의 사실과 반대되는 상황을 가정하므로 〈as if + 가정법 과거〉

04 (1) 현재 사실과 반대되는 상황을 가정하므로 가정법 과거
(2) 주절의 시제와 일치하는 때의 사실과 반대되는 상황을 가정하므로 〈as if + 가정법 과거〉

05 과거 사실과 반대되는 상황을 가정하므로 가정법 과거완료

06 과거 사실과 반대되는 상황을 가정하므로 가정법 과거완료

07 (1) 가정법 과거완료는 과거 사실의 반대를 가정
(2) 가정법 과거는 현재 사실의 반대를 가정

08 '~이 없다면 …일 텐데': 〈Without + 명사(구), 주어 + would[could/might] + 동사원형〉

09 '~했더라면 좋을 텐데': 〈I wish + 가정법 과거완료〉

10 현재 사실과 반대되는 상황을 가정하므로 가정법 과거

CHAPTER 09 관계사

Unit 01 관계대명사

문장으로 CHECK UP

pp. 117~118

A
1 The girl who sits next to me is named Maria.
2 They are proud of the houses they built.
3 This show that is on TV isn't funny.
4 I met a man whose eyes are bright blue.
5 The car which he wants to buy is too expensive.
6 We go to a school whose curriculum is unique.

B **1** who(m)[that] you met knows **2** which[that] is on the table **3** The class which[that] he took **4** family whose dog barks **5** person that doesn't like

C
1 The school (which[that]) Jenny graduated from
2 who[that] are interviewing the movie star
3 which[that] is the same as mine
4 I'm[I am] looking for a girl whose name starts with S.
5 He's[He is] the artist (who(m)[that]) I criticized.

D
1 Is this the train which[that] goes to Chicago?
2 The songs (which[that]) she sang at the concert were beautiful.
3 I read a book whose title is *To Kill a Mockingbird*.
4 The models who[that] appeared on the catwalk were skinny.
5 The man (who(m)[that]) we called didn't answer his phone.

서술형으로 STEP UP

p. 119

예제 Let's buy the laptop whose case is white.

1 Tim is the man who(m) I saw yesterday.

2 The bag which is on sale is nice.

3 (1) walks dogs whose owners are busy
(2) People who[that] want to get the job

Unit 02 주의해야 할 관계대명사

문장으로 CHECK UP

pp. 121~122

A 1 This book is what Owen borrowed.
2 April is the month in which I was born.
3 What I need is a glass of water.
4 This is the song to which she listens every day.
5 I met Mr. Lopez, who used to be my math teacher.
6 The train was delayed, which made everyone angry.

B 1 What you did seems 2 on which I post
3 which was peaceful 4 what made him a star
5 with whom you were

C 1 believe what she said
2 This is the speed at which
3 who was standing at a bus stop
4 whom I read storybooks is
5 what you ordered from the website

D 1 She is a friend with whom I traveled. 또는 She is a friend (who(m)[that]) I traveled with.
2 He didn't understand what I meant.
3 This is the café at which we drink coffee. 또는 This is the café (which[that]) we drink coffee at.
4 What he usually eats is vegetables and chicken breast.
5 You didn't call her last night, which depressed her.

서술형으로 STEP UP

p. 123

예제 which is her favorite restaurant

1 (1) who is a lawyer
(2) which surprised everybody
(3) who(m) you met last year

2 (1) There is the woman for whom
(2) I cleaned the sofa on which
(3) We had the meeting during which

Unit 03 관계부사와 복합관계사

문장으로 CHECK UP

pp. 125~126

A 1 This is how they make traditional masks.
2 Whoever finishes first will get a prize.
3 Tell me the reason why you are crying.
4 Today is the day when I take midterm exams.
5 They will eat whatever I cook for them.

B 1 I remember the moment when 2 wherever you want 3 where she was born 4 However loudly I shouted 5 He explained the reason why 6 Whenever she speaks

C 1 which I learned German
2 Whoever knows my secret
3 how he solved the puzzle
4 (the time) when we were together
5 these flowers wherever you want

D 1 We discussed how[the way/the way in which] we can reduce trash.
2 I found out the reason why[for which] he didn't invite me. 또는 I found out why[the reason] he didn't invite me.
3 We went to the store where[at which] my father works. 또는 We went to the store (which[that]) my father works at.
4 Wherever[No matter where] you go, always remember me.
5 Whatever[Anything that] you buy me will be the perfect gift.

서술형으로 STEP UP

p. 127

예제 (1) when I'll begin
(2) on which I'll begin

1 (1) The garage is (the place) where he stores his camping equipment.
(2) Grandfather knows how my dad proposed to my mom.

2 (1) whatever you want
(2) Whoever finds the answer
(3) Whenever she goes to the park

기출문제로 WRAP UP

pp. 128~129

01 (1) Write down what you want for your birthday.
(2) She knows a boy whose parents are doctors.
(3) The year 2012 was the time when my life changed.

02 (1) which[that] had red wings
(2) who(m)[that] John keeps talking about 또는 about whom John keeps talking

03 (1) Wherever she plays
(2) Whichever you pick
04 (1) are → is
(2) the time during when → the time when[during which] 또는 when[the time]
05 (3): The woman who is wearing glasses looks like my mom.
06 She has a dog, which sleeps outside.
07 However difficult the question is, he will solve it.
08 (1) where I keep my socks
(2) in which I keep my socks 또는 which I keep my socks in
09 (1) who is a famous pianist
(2) Whatever he suggests
(3) whenever you want
10 Whoever puts down all the cards

해설

01 (1) 목적어 역할을 하는 관계대명사 what이 이끄는 절
(2) 명사(parents)를 수식하는 소유격 관계대명사 whose
(3) 시간(the year 2012)를 나타내는 관계부사 when

02 (1) 선행사(bird)가 동물인 주격 관계대명사
(2) 선행사(the woman)이 사람인 목적격 관계대명사 / 관계대명사가 전치사의 목적어일 때 전치사를 관계대명사 바로 앞이나 관계사절 끝에 쓸 수 있다.

03 (1) at any place where('~하는 곳은 어디든지')는 wherever로 바꿔 쓸 수 있다.
(2) no matter which('어느 것을 ~하더라도')는 whichever로 바꿔 쓸 수 있다.

04 (1) 관계대명사 what이 이끄는 절은 단수 취급한다.

05 (3) who가 주격 관계대명사이므로 she를 삭제해야 한다.

06 선행사(a dog)가 동물이므로 which 또는 that을 쓸 수 있는데, that은 계속적 용법으로 쓸 수 없다.

07 '아무리 ~하더라도': 부사절을 이끄는 복합 관계부사 however는 바로 뒤에 형용사/부사를 쓴다.

08 (1) 선행사(the drawer)가 양말을 보관하는 장소이므로 관계부사 where
(2) 관계대명사가 전치사의 목적어일 때 전치사를 관계대명사 바로 앞이나 관계사절 끝에 쓸 수 있다.

09 (1) 계속적 용법의 관계대명사는 who(m), which만 가능하다.
(2) '무엇을 ~하더라도': 부사절을 이끄는 복합 관계대명사 whatever
(3) '~하는 때 언제든지': 부사절을 이끄는 복합 관계부사 whenever

10 '~하는 사람은 누구든지': 명사절(주어)를 이끄는 복합 관계대명사 Whoever

CHAPTER 10 특수 구문

Unit 01 강조, 부분부정, 동격

문장으로 CHECK UP

pp. 133~134

A 1 Not every story has a happy ending.
2 It was Holly's sister who yelled at her.
3 Monica grew up in Bayville, a small village in New York.
4 I did hand in my homework.
5 Duke University, a well-known school, is in North Carolina.

B 1 does smell strange 2 Not all birds are 3 It is happiness that 4 Adrian, my new classmate 5 was milk that, drank 6 does not always agree with

C 1 Paris, the center of fashion
2 It was in 1982 that
3 We did lock the window
4 It was Joey that[who] took a picture with me.
5 Not everyone knows about the plan.

D 1 Not all of these watches are expensive.
2 The movie does make me laugh.
3 Living in a foreign country isn't[is not] always fun.
4 It was her coat that Chloe left on the subway.
5 Happy Times, my favorite restaurant, is near my house.

서술형으로 STEP UP

p. 135

예제 It is a comic book that Mason wants to read.

1 (1) It was Mr. Willis that[who] graded the final exams.
(2) It's[It is] a rabbit that the dogs are chasing in the forest.
(3) It was 10 years ago that the scientist discovered a new star.
(4) She does look elegant in that dress.

2 (1) Judy, one of my coworkers
(2) Mexico City, the capital of Mexico
(3) Ms. Flores, my former math teacher

Unit 02 도치와 특수 구문

문장으로 CHECK UP pp. 137~138

A 1 sat a small green frog
2 will I forget your birthday
3 They demanded that he accept the job.
4 I want to take a break. – So do I.
5 Violet suggested that the country should preserve its history.

B 1 could he understand 2 the city replace
3 walked the teacher 4 he should be released
5 neither is my father

C 1 hid my dog
2 So can I.
3 they shouldn't[should not] close the school
4 did she visit her hometown again
5 The doctor suggested that she (should) stop wearing heels.

D 1 I demanded that he (should) be honest.
2 In the hallway were standing some cats.
3 He didn't have an umbrella, and neither[nor] did I.
4 The expert suggested that children (should) get enough sleep.
5 Little did I imagine (that) I would swim for one mile.

서술형으로 STEP UP p. 139

예제 They demanded that the document should be printed.

1 (1) On the rooftop were sleeping tiny birds.
(2) Never does August clean his room.
(3) Not only was it cold, but it was also windy.

2 (1) I should not be rude to others
(2) I take a walk every day

Unit 03 화법 전환

문장으로 CHECK UP pp. 141~142

A 1 I told my friend that I would be late.
2 He asked me when I usually woke up.
3 I found out why Nathan was upset.
4 My father advised me to think about my future.
5 She asked them if they had smartphones.

B 1 said, she wanted to 2 us how we felt
3 what he was doing 4 me if[whether] I often ate 5 told me not to sing 6 to feed my fish

C 1 why she was laughing
2 Jayce told me (that) he could fix
3 He asked me if[whether] I knew
4 The man told us not to touch anything.
5 I wonder if[whether] they'll[they will] come here.

D 1 The police officer ordered the man not to move.
2 Rick asked her where the towels were.
3 Elena tells me (that) she's[she is] interested in music.
4 She wants to know if[whether] my feet hurt.
5 Mike told me (that) he would help me (to) clean up.

서술형으로 STEP UP p. 143

예제 told, she was invited to the event

1 (1) it would rain the next day
(2) asked me where her coat was
(3) me to change my clothes
(4) not to fight with her

2 (1) if[whether] I won the contest
(2) how far your house is from school

3 Do not jump

기출문제로 WRAP UP pp. 144~145

01 (1) the desk was lying one big cat
(2) will I forgive her for lying to me
(3) I wonder why you came to Korea.
02 (1) where the fair takes place
(2) when the fair is
03 (1) It was Carl that[who] rode a bicycle last weekend.
(2) It was at a flea market that Mary bought clothes last Sunday.
(3) Joseph did practice hard to pass the audition.
04 (1) my favorite actor
(2) Chris, my swimming instructor
05 (1) There he goes.
(2) Gina has a cat, and so does he.
(3) 없음
(4) Does Kelly know where you live?

06 (1) Neither do I.
(2) Do you know what lawyers do?
(3) A bigger car is not always better.
07 I drink plenty of water and take vitamins
08 (1) asked me where the library was
(2) asked, if[whether] she would go
(3) to focus on his studies

해설

01 (1) 부사(구)를 강조하기 위한 도치: 〈부사(구)+동사+주어〉
(2) 부정어(구)를 강조하기 위한 도치(조동사가 있는 문장): 〈부정어(구)+조동사+주어〉
(3) 간접의문문의 어순: 〈의문사+주어+동사〉

02 (1), (2) 간접의문문의 어순: 〈의문사+주어+동사〉

03 (1), (2) 주어, 목적어, 부사(구) 등을 강조할 때는 〈It is[was] ~ that〉 형태로 쓴다.
(3) 동사를 강조할 때는 〈do[does/did]+동사원형〉 형태로 쓴다.

04 (1), (2) 동격 관계는 쉼표로 연결한다.

05 (1) 주어가 대명사인 경우에는 도치시키지 않는다.
(2) '~도 또한 그렇다': 〈so+동사+주어〉
(4) 간접의문문의 어순: 〈의문사+주어+동사〉

06 (1) '~도 또한 그렇지 않다': 〈Neither+동사+주어〉
(2) 간접의문문의 어순: 〈의문사+주어+동사〉
(3) '항상 ~인 것은 아니다': 〈not always〉

07 '~할 것을 제안하다': 〈suggest that+주어(+should)+동사원형〉

08 (1) 의문사가 있는 의문문의 화법 전환: 〈ask(+목적어)+의문사+주어+동사〉
(2) 의문사가 없는 의문문의 화법 전환: 〈ask(+목적어)+if[whether]+주어+동사〉
(3) 명령문의 화법 전환: 〈ask[tell, order, advise 등]+목적어+to-v〉

누적시험으로 LEVEL UP

pp. 146~149

CHAPTER 08 ~ 10

01 (1) It was the TV that this store sold me.
(2) I do think you should forgive him.
02 What[what]
03 If I weren't[were not] a teenager, I would travel by car.
04 (1) On a leaf is a tiny drop of water.
(2) Never does Daniel lose his stuff.
05 (1) If Yejin had a smartphone, she could download the app.
(2) If I had understood French, I could have followed the movie.
(3) As he doesn't[does not] know the way, he can't[cannot] help the woman find the place.
06 (1) which has a purple door
(2) where[in which] Dr. Gavin was born and raised 또는 which Dr. Gavin was born and raised in
(3) whose name is the same as mine
07 (1) wouldn't[would not] use
(2) if[whether] he would order
(3) Don't[Do not] stand
08 Without electricity, life would be inconvenient
09 demanded, students wear
10 (1) That's the shopping mall where I met her.
(2) That's the shopping mall at which I met her. 또는 That's the shopping mall which[that] I met her at.
11 (3): My uncle explained how[the way/the way in which] he repaired the car.
12 (1) would you do if you won the lottery
(2) treats me as if I were a child
13 (1) Neither[Nor] did I.
(2) student hates
(3) she feel
14 (1) my best friend
(2) how long the river is
(3) if[whether] he brushed his teeth
15 Yesterday was the day when I finished my project.
16 I have an aunt, who lives nearby.
17 (1) I had a boyfriend like him
(2) as if he had invited
18 (1) what he was wrapping
(2) whose screen was cracked
(3) Whoever breaks the rule
19 (1) which I recommended

(2) who lives in New York
(3) which surprised everybody
20 (1) where I would like to go
(2) (that) she would clean the floor the next day
(3) to check every room

해설

01 (1) 주어, 목적어, 부사(구) 등을 강조할 때는 ⟨It is[was] ~ that⟩ 형태로 쓴다.
(2) 동사를 강조할 때는 ⟨do[does/did]+동사원형⟩ 형태로 쓴다.

02 선행사를 포함하며 명사절을 이끄는 관계대명사 what

03 현재 사실과 반대되는 상황을 가정하므로 가정법 과거

04 (1) 부사(구)를 강조하기 위한 도치: ⟨부사(구)+동사+주어⟩
(2) 부정어(구)를 강조하기 위한 도치(일반동사가 있는 문장): ⟨부정어(구)+do[does/did]+주어+동사원형⟩

05 (1) 현재 사실과 반대되는 상황을 가정하므로 가정법 과거
(2) 과거 사실과 반대되는 상황을 가정하므로 가정법 과거완료
(3) 가정법 과거는 현재 사실의 반대를 가정

06 (1) 선행사가 사물(The house)이고, 관계사절에서 주어 역할을 하므로 주격 관계대명사 which
(2) 장소를 나타내는 명사(the city)가 선행사이고 관계사절에서 부사 역할을 하므로 관계부사 where 또는 ⟨전치사+관계대명사⟩
(3) 명사(name)을 수식하는 소유격 관계대명사 whose

07 (1) 현재 사실과 반대되는 상황을 가정하므로 가정법 과거
(2) 의문사가 없는 의문문의 화법 전환: ⟨ask(+목적어)+if[whether]+주어+동사⟩
(3) 부정 명령문의 직접화법 전환

08 '~이 없다면 …일 텐데': ⟨Without+명사(구), 주어+would[could/might]+동사원형⟩

09 '~할 것을 요구하다': ⟨demand that+주어(+should)+동사원형⟩

10 (1), (2) 장소를 나타내는 명사(the shopping mall)이 선행사이므로 관계부사 where 또는 ⟨전치사+관계대명사⟩

11 (3) 방법을 나타내는 관계부사 how는 선행사와 함께 쓸 수 없다.

12 (1) 현재 사실과 반대되거나 현재에 실현 가능성이 거의 없는 상황을 가정하므로 가정법 과거
(2) 주절의 시제와 일치하는 때의 사실과 반대되는 상황을 가정하므로 ⟨as if+가정법 과거⟩

13 (1) '~도 또한 그렇지 않다': ⟨Neither[Nor]+동사+주어⟩
(2) not every 뒤에는 단수명사만 온다.
(3) 부정어가 문장 맨 앞에 오면 도치가 일어나는데, 일반동사일 경우 ⟨부정어+do[does/did]+주어+동사원형⟩으로 쓴다.

14 (1) 명사(Bryce)를 부연 설명하는 동격 관계
(2), (3) 간접의문문의 어순: ⟨의문사/if[whether]+주어+동사⟩

15 시간을 나타내는 관계부사 when

16 사람(an aunt)를 선행사로 하고 계속적 용법으로 쓰인 관계대명사 who

17 (1) 현재 사실에 대한 유감·아쉬움을 나타내므로 ⟨I wish+가정법 과거⟩
(2) 주절의 시제보다 앞선 때의 사실과 반대되는 상황을 가정하므로 ⟨as if+가정법 과거완료⟩

18 (1) 의문사가 있는 간접의문문의 어순: ⟨의문사+주어+동사⟩
(2) 명사(screen)을 수식하는 소유격 관계대명사 whose
(3) '~하는 사람 누구든지': 명사절(주어)를 이끄는 복합 관계대명사 whoever

19 (1)~(3) 관계대명사 who(m)과 which만 계속적 용법으로 쓸 수 있다.

20 (1) 의문사가 있는 의문문의 화법 전환: ⟨ask(+목적어)+의문사+주어+동사⟩
(2) 평서문의 화법 전환: ⟨tell+목적어(+that)+주어+동사⟩ / 간접화법으로 전환할 때, tomorrow는 the next day로 바꾼다.
(3) 명령문의 화법 전환: ⟨ask[tell, order, advise 등]+목적어+to-v⟩

MEMO

MEMO

쓰기로
마스터하는
중학서술형